말을 잘하는 사람보다
대화를 잘하는 사람이 좋다

말을 잘하는 사람보다
대화를 잘하는 사람이 좋다

윤수빈 지음

포레스트북스

프리랜서 아나운서를 거쳐 스피치 컨설턴트로 17만 인플루언서에 이르더니 돌연 멈추어 서던 저자다. 길에서 잠시 벗어나 지나온 시간을 돌아보며 글로 묶어내더니 '대화'와 '어우러짐'과 '함께 함'으로 새로운 길을 열어간다. 그래! 글 쓰고 말하는 이들은 모름지기 '글에서 말로, 말에서 침묵으로, 침묵에서 삶으로' 나아가야 한다. 빨리 자라는 대나무는 잠시 멈추어 마디를 만든다. 그래서 곧고 높이 자란다. 스스로 때를 알아 겸허히 멈추기도 하고 다시 힘껏 나아가니 지켜볼 뿐 가르칠 게 없다. 글 곳곳에서 저자의 순후한 내공과 삶에 대한 깊은 공부가 느껴진다. 잠시 사제지간으로 인연이 닿았던 이의 복이 아닐 수 없다.

변상욱 前 YTN 앵커, 국민대학교 언론정보학부 특임교수

SBS PD로 일하면서 17년간 수많은 사람을 만나며 옳은 것을 말하는 것이 최우선이라 여기며 커리어를 이어왔다. 하지만 윤수빈 작가를 만나고 옳은 것보다 다정하게 말하는 것의 중요성을 깨닫게 되었다. 그런 지점에서, 보다 부드럽고 현명한 대화를 하고 싶은 사람에게 이 책을 추천한다.

그녀를 알게 된 건 2년 전, 우연한 만남이었다. 짧은 순간이었지

만 단단한 대화력을 지닌 보석 같은 사람이라는 것을 단번에 알았다. 그녀를 통해 느끼게 된 용서, 연민, 자기 긍정이라는 따스한 마음들을 당신에게도 알려주고 싶다. 다정하고 무해한 콘텐츠도 더 큰 소리로 알려야 의미가 있으니까!

옥성아 前 SBS PD, 〈모닝와이드〉〈고막메이트〉 연출

언어장애, 실어증을 겪게 된 나는 말하기가 두려웠다. 그런데 정작 중요한 걸 까먹고 있었다. 이 책을 읽으면서 단순히 말하는 것만이 언어가 아니라 앞에 있는 사람을 마주하며 대화하고 경청하는 태도 역시 진정한 언어임을 새삼 깨닫게 되었다. 지금도 종종 단어를 틀리거나 기억하지 못하지만 더 이상 대화가 무섭지 않다. 나의 통로가 된 이 책으로 앞으로는 성의 없는 말하기에만 집중하기보다 대화를 시도하고 표현하며, 먼저 잘 들어주는 사람이 되고 싶다. 그렇게 따스한 마음이 담긴 대화와 함께 좋은 사람들과 앞으로 나아가고 싶다.

우은빈 콘텐츠 크리에이터, 유튜브 채널 '우자까' 운영자

드라마 <사랑의 이해>를 보면 이런 대사가 나온다. "난 그런 다정함을 지능으로 보거든. 상대를 안심시키는 반듯함 같은 거. 그런 건 하루 이틀에 쌓이는 게 아니니까."
윤수빈 작가를 보면 상대를 안심시키는 반듯함이 있다. 함께할 때 시간 가는 줄 모르고 편안하게 대화를 하게 된다. 반듯한 작가의 태도에서, 나의 생각과 말을 오해 없이 들어줄 거라는 신

뢰감을 느끼는 것이다. 많은 사람을 겪다 보니, 처음부터 끝까지
상대방에게 온전히 본인의 '마음을 다하는' 사람이 많지 않다는
것을 알게 됐다. 그래서 작가가 더 특별하게 느껴졌다. 이런 점
이 윤수빈 작가의 가장 큰 무기이다.

그런 작가가 대화를 잘하는 방법에 대한 책을 냈다. 말을 잘하는
사람은 너무나 많다. 하지만 대화를 잘하는 사람은 극히 드물다.
온몸으로 상대를 위해 정성껏 듣고, 삶으로 보여주는 작가의 책
이니 꼭 읽어보길 추천한다.

김진향 작가, 「브랜드로 산다는 것」 저자

"아나운서는 잘 말하는 사람이 아니라, 잘 듣는 사람이다."
세상에서 말을 가장 잘한다는 아나운서들도 잘 듣는 것을 고민
합니다. 말하기話에 앞서 마주한 상대對를 먼저 생각하는 것이죠.
내가 할 말을 떠올리기보다 상대방이 어떤 이야기를 하는지 잘
들어야 다음 이야기가 이어질 수 있기 때문입니다. KBS 아나운
서 신입사원 연수 시절 선배님들께 들은 이 말은 지난 15년의 방
송 생활의 지침이 되어주었습니다. 사랑하는 사람과의 대화처
럼. 따뜻하게. 정성껏. 그렇게 방송하려고 늘 노력했습니다. 저
한마디 덕분에요.

요즘 들어 우리는 상대對가 사라진, 이야기話만 남은 언어의 파
편에 답답해하며 불통을 얘기합니다. 뒤돌아 한숨을 쉬며, 불통
의 원인을 찾을 때가 되어서야 상대를 떠올립니다. 그러면서 안
타까워하기도 하죠. 어쩌면 대화對話라는 단어에 모든 것이 담겨
있는데, 우리는 찾지를 못합니다. 온전하고 완벽한 대화에서 오

는 만족감의 크기를 아는 사람일수록 더 안타깝고, 그래서 더 간절합니다.

다정한 말에 대한 목마름 속에 펼친, 윤수빈 작가의 이 책에는 이야기에 앞서 상대를 바라보는 시선이 보입니다. 당장 하고 싶은 말이 많아도, 일단 상대에게 집중합니다. 관심과 애정, 그리고 존중입니다. 집중하고, 듣고, 내가 아는 만큼, 때로는 그 이상으로 순간에 몰입합니다. 그렇게 충분한 시간이 흐른 뒤 조심스럽게 내 이야기를 꺼냅니다. 상대와 마주하고, 준비한 뒤 주고받는 이야기. 이야기를 넘어 마음을 주고받는 대화는 충만합니다. 그 충만함이 느껴지는 글입니다. 그래서 더 따뜻한 글이고, 억지로 의식하지 않아도 자연스럽게 어루만져지는 포근한 위로인지도 모르겠습니다.

불통의 시대. 반면 말과 언어는 그 어느 때보다 넘쳐나는 과잉의 시대. 나와 상대가 온전히 마주하여 이야기를 넘어 다정한 마음을 나누는 순간. 따뜻한 대화對話가 더 소중한 시대에 이 책을 만날 수 있어 참 반갑습니다.

김한별 前 KBS 아나운서, 유튜브 '스타킴(starkim)' 운영자

말을 잘하는 사람은 많지만
대화를 잘하는 사람은 드물다

인간의 행복은 대화의 양과 질에 따라 결정된다. 그러나 개인적으로 안타까운 점은 말을 잘하고 싶다는 사람은 많지만, 대화를 잘하고 싶다는 사람은 드물다는 것이다. 대화가 품은 뜻을 살펴볼 필요가 있다. 대화對話는 마주할 대對와 말씀 화話가 합쳐진 글자다. 그러니 마주하여 이야기를 나누는 것을 대화라고 한다. 대화의 개념에는 상대가 존재한다. 모든 말은 청자가 있을 때 그 존재의 의미를 갖는다. 혼잣말이나 내면의 대화도 스스로와의 대화이며, 독서를 하는 것은 저자와의 대화이다. 흔히 '말을 잘하고 싶다'라는 이야기는 사실 상대방과 좋은 관계를 유지하고 원하는 것을 얻고 싶다는 욕망을 품고 있다. 그렇다면 그것이 어떤 과정을 통해 만들어지는지 생각해 봐야 한다.

스무 살, 아나운서가 되겠다고 다짐한 이후로부터 프리랜서 아나운서, 스피치 컨설턴트로 일하기까지 약 8년간 '말'을 잘하는 방법에 대해서 수없이 많은 연구와 연습을 반복했다. 그 덕분에 '유어셀린'으로 스피치 분야의 17만 인플루언서가 되기도 했다. 나를 찾아온 사람들에게 정확한 발음과 멋진 발성을 갖도록 코칭했고, 나를 매력적으로 만드는 말하기에 대해 강연했다. 그러나 어느 순간 내가 진심으로 중요하게 여기는 가치가 무엇인지에 대해서 스스로에게 질문을 던지기 시작했다. 다음 단계로 넘어가야 할 시기라는 확신이 생겼을 때 스피치 컨설팅을 중단했다. 그리고 첫 번째 책 『때가 되면 너의 정원에 꽃이 필 거야』를 출간했다. 그 기간은 시간의 성숙에 따라 가치와 방향을 탐색하는 과정이었다. 그리고 깨달았다. 나는 멋지게 말하는 사람보다 있는 그대로의 나를 주체적으로 표현하고 대화의 순간 속으로 빠져들게 만드는 사람이 좋다는 것을. 선택받고자 노력하는 삶이 아닌 세상이 선택할 수밖에 없게 만드는 삶을 추구하고자 한다. 그러니 진짜 전하고 싶었던 것은 아나운서처럼 말하는 방법이 아니라 '나를 잘 표현하는 방법'이었던 것이다. 발성과 발음도 물론 중요하다. 하지만 그것은 부차적인 기술일 뿐 본질은 세상과 연결되는 표현법이다.

모든 인간관계와 비즈니스는 사람과 사람의 연결로 만들어진다. 일상에서 습관처럼 나누는 대화가 곧 삶이다. 어릴 적부터 지금까지 나눠온 대화의 총체가 지금의 나다. 한순간에 불꽃처럼 들어온 대화가 한 사람의 운명을 바꾸기도 하고, 스며들듯 사고의 흐름과 가치관을 형성하기도 한다. 쌓이고 쌓인 대화가 한 사람의 분위기와 결을 만든다. 이 책에는 내가 그동안 나눴던 일상적인 대화 중 비일상적인 감정 혹은 영감을 주었던 순간의 이야기들이 있다. 담담히 글을 읽는 독자분들의 하루에 좋은 대화 그리고 좋은 기분이 함께하기를 바라는 마음을 담아 전한다.

윤수빈 드림

· 차례 ·

1장 │ 사람을 끌어당기는 대화,
      사람을 밀어내는 대화

2장 우리의 인생은
현명한 대화를 먹고 자란다

3장 | 마음밭을 가꾸어준
대화의 조각들

1장

사람을 끌어당기는 대화,
사람을 밀어내는 대화

다정한 대화의 도구를
수집해야 하는 이유

사람은 살아가면서 여러 능력의 도구들을 수집한다. 신체적 능력의 도구, 사고력의 도구, 직감의 도구, 미적 감각의 도구 등. 그중 노력해서 배우지 않아도 자연스레 얻게 되는 도구를 하나 꼽자면, 바로 대화의 도구이다.

지구상의 생명체 중 인간만이 가지고 있는 두 가지가 있다. 바로 언어와 대화다. 인간으로 태어난 이상, 우리는 매일 수백, 수천 번의 대화를 언어를 통해 주고받으며 살아간다. 언어의 다양성은 표현의 폭을 결정하고, 대화의 몰입도는 감정의 깊이를 결정한다. 사회적

동물인 인간은 서로 주고받는 표현과 감정의 무한한 아지랑이 속에서 자신의 정체성을 완성해 간다. 꼭 타인과의 관계에서만 대화하는 것은 아니다. 스스로 끊임없이 내면의 대화를 주고받기도 한다. 그 무수한 시간이 축적되는 과정들 사이에서 각자마다 대화의 도구들이 탄생하게 된다.

　　어른이 되고 각자의 도구를 내재한 채 여러 관계를 맺으며 감동 혹은 갈등이 생성된다. 이때, 다정한 대화의 도구들을 가지고 있는 사람들은 보다 부드러운 관계 속에서 살아가게 된다. 우리는 보다 성숙한 관계를 유지하고 행복한 삶을 향유하기 위해 일상 속 대화의 도구들을 잘 관리해야 한다.

　　다정함의 다른 말은 나를 지키는 단단한 힘이다. 왜 다정함을 잃어버리지 않는 사람들이 위대하냐 묻는다면, 에너지를 잃었을 때 가장 쉽게 몰살되는 감정이기 때문이다. 간혹, 감정에 따라 대화의 결이 쉬이 달라지는 사람들이 있다. 이들은 성숙한 대화의 도구를 얻었다고 할 수 없는 것이다. 자신이 가진 도구를 현명하게 활용할 줄 아는 사람이 대화의 주도권을 갖게 된다.

대화에 능숙한 사람들은 매력적이다. 때론 매혹적이기도 하다. 사람의 마음을 움직이는 것에 능하기 때문이다. 더해서 말을 잘하는 사람들이 원하는 것을 쉽게 얻고 성공할 확률이 높다. 우리는 본능적으로 매력적인 것들에 이끌린다. 그 대상이 물건이든, 경험이든, 사람이든 말이다. 30년간 행복을 연구한 심리학자 서은국 교수는 '인간은 가장 중요한 자원을 만났을 때 행복감이 커진다'고 말했다. 그 자원이 바로 사람이다. 사람을 자주 만나는 외향적인 사람들이 보다 행복한 이유가 바로 여기에 있다고 덧붙였다. 우리는 매력적인 사람과 대화할 때 높은 행복감에 고취된다.

실제로 그렇다. 불편한 사람과는 잠시 가까이 있는 것만으로도 에너지가 소모되는 것이 실시간으로 느껴지지만, 매력을 느끼는 사람과의 시간은 아주 빠르게 흘러가는 경험을 한 번쯤 해봤을 것이다. 행복에 대한 연구 결과에 의하면, 행복의 개인차는 매우 크다고 한다. 자주 행복한 사람과 그렇지 않은 사람의 차이가 무엇일까? 바로 가장 중요한 자원인 '사람'의 분포도이다. 정확히는 어떤 사람들이 주위에 분포되어 있느냐가 개인의 행복도를 결정한다. 자주 행복한 사람들의 주변에 다정한 에너지를 가진 사람들이 많은 이유가 바로 이것이다.

면접이나 공식적인 자리 등에서 정제된 말을 잘하는 능력은 기술적인 연습을 통해 취득할 수 있다. 울림 있는 목소리와 정확한 발음 또한 마찬가지이다. 이 또한 사람의 마음을 움직이는 과정이자, 인간 생존에 있어 필수적인 능력이다. 그러나 말을 잘하는 것과 대화를 잘하는 것은 다르다. 좋은 대화는 나와 타인을 보살피는 마음이 필요하며 이를 통해 삶의 연대감과 가치관이 생성된다. 일상에서 마주치는 타인과의 관계들, 그리고 스스로와의 관계 속에서 얻게 된 다정한 대화의 도구들을 수집하고 엮어가며 삶이 축적된다. 무수히 존재하는 대화들 속, 찰나의 다정함을 발견하는 빈도가 잦아지기를 바란다.

말을 예쁘게 하는 법

　　말을 예쁘게 하는 방법에 대해 진지한 태도로 고심한 적이 있는가? 그렇다면 타인에게 의도치 않게 말로 상처를 준 적이 더러 있거나, 분명 자신도 생각했던 말을 누군가에게 다른 문법으로 들었을 때 와닿는 감각의 농도가 다름을 깨닫는 경험을 했을 가능성이 높다. '왜 나는 말을 날카롭게 하게 될까?' '조금 더 다정하게 말할 수는 없었을까?' 하는 생각을 동반한 채 말이다.

　　말을 예쁘게 하는 법을 이야기하기 전에 그 이유에 대해 이야기하고자 한다. 사람과 사람을 연결하는 소통의 수단은 두 갈래로 나눠진다. 비언어적 수단과 언어적 수단이다. 비언어적 수단은 말 그대로, 문자로 이루어진 언어를 제외하고 몸으로 표현할 수 있는 모든 연결 수단을 의미한다. 미세하고 다양한 표정, 손짓과 발짓 등이 이에 해당한다. 이는 언어적 수단이 미처 채우지 못하는 본능적 감각을 뒷받침해 주는 역할을 한다. 그러나 비언어적 수단만으로는 완벽한 연결이 불가능하다. 예를 들어, 눈물을 흘리는 외국인 여성을 보고 단지 '슬픔'을 유추하는 것은 완벽한 해석이 되지 못한다. 행복해서 흘리는 눈물이거나, 통증으로 인한 아픔일 수도 있기 때문이다. 본질적 연결 수단은 결국 언어적 수단이다. 지구의 생명체 중 오직 인간만이 적확한 의사 표현을 언어로 주고받는다. 이제는 인간이 고도로 발달된 AI와 일상적인 대화를 나누는 것도 가능한 시대가 되었다.

그러나 AI가 아무리 발달한다고 한들 인간만이 주고받는 미묘한 언어적 감수성을 공유할 수는 없을 것이다. 인간의 마음을 건드리는 언어적 감수성은 목소리의 떨림, 높낮이, 말의 빠르기, 단어 선택의 무궁한 자율성, 문장과 문장 사이의 공백, 호흡의 유무에 따라 완전히 달라지기 때문이다. 이에 따라 미묘하게 달라지는 인간의 언어란 문자만으로 설명할 수 없는 영역이다. 번역기로 돌리듯 말을 만드는 것이 전부가 아니라는 의미이다. 눈치챘을 수 있겠지만, 언어적 감수성을 건드릴 만큼 말을 예쁘게 하는 사람은 가장 '사람다운' 사람이다. 그 순간의 진심을 가장 농도 짙게 전하는 사람에게 같은 인간으로서 호감을 가질 수밖에 없다. 완전한 인간적 호감은 곧 대화의 풍요로움을 불러온다. 상대에게 나의 마음을 온전히 열고, 인간의 원초적 즐거움인 '상대를 돕기 위한' 자세를 취한다. 정확히는 내가 상대방에게 필요한 사람이 되고 싶은 욕망이 생기는 것이다.

그렇다면 말을 예쁘게 하는 사람을 만났을 때 우리가 느끼는 감정은 무엇인가? 바로 편안함이다. 나의 생각과 말을 오해 없이 들어줄 거라는 신뢰감을 느끼는 것이다. 그래서 말을 다정하게 하는 사람에게는 어느새 나의 속 이야기까지 술술 꺼내게 되는 일이 어렵지 않은 것이다. 특정한 단어나 문장의 쓰임이 다정함을 만든다는 오해를 하지 말아야 한다. 버튼처럼 다정한 문장이 있는 것이 아니다. 친절한 마음만이 있을 뿐이다.

이제는 말을 예쁘게 하는 법을 이야기할 차례이다. 방법은 간단하다. 잘 들어주는 것이다. 듣기가 없으면 말하기도 존재하지 않는다. 심지어 혼잣말도 '나'라는 청자가 있다. 혼잣말에 익숙한 사람들은 혼자만의 공간에서 눈치 보지 않고 생각을 읊조린다. 편안하기 때문이다. 다른 이야기지만 자취를 하면 혼잣말이 는다는 말을 듣고 의아했던 적이 있다. 자취를 2년 해보고 알았다. 나도 혼잣말의 달인이 되어 있었다. 가족들과 함께 살 때는 혼잣말을 했을 때 잘못된 청자에게 전달될 가능성이 높기에 구태여 혼잣말을 하지 않았다. 나에게 하는 말이 완벽하게 나에게 전달되지 않을 것을 알았기 때문이다. 그러나 혼자만의 공간에서 오랜 시간을 있어 보니, 들어줄 사람이 명백하게 존재했기에 짧은 혼잣말들이 자연스럽게 새어 나왔던 것이다.

다시 돌아와서, 앞에서 예쁘게 말하는 사람이 주는 감정은 '편안함'임을 이야기했다. 상대방이 어떠한 말을 하는지 편견 없이 집중해서 듣는 태도가 선행되어야 편안함을 줄 수 있다. 때로는 잘 말하는 일보다 잘 듣는 일이 더 많은 에너지가 소모된다. 상대의 감정과 언어의 주파수를 동일하게 맞춰야 하기 때문이다. 이 경험을 통해 알게 되는 것은 '상대방이 현재 듣고 싶은 말'이다. 그 말을 예민하게 파악해서 상대방의 마음에 넣어주는 사람이 바로 말을 예쁘게 하는 사람이다. 상대에게 집중하는 마음을 세심하게 담는 사람이 결국 좋은 사람을 얻는다. 우리는 보다 풍요로운 삶을 누리기 위해 이러한 태도를 잃지 말아야 한다.

우리는 모두
번역가의 삶을 산다

　초등학생 시절 나를 괴롭혔던 일 중 하나는 영어 단어 암기였다. '하루에 30개씩 외우기'를 매일 고정 스케줄로 지정했으나 뿌듯하게 수행한 날들이 많지 않았다. 학원에서 단어 시험을 통과하지 못해 울며 겨자 먹기로 머릿속에 단어들을 욱여넣고 터덜거리는 발걸음으로 건물을 나왔다. 빨리 어른이 되어서 영어 단어를 외우고 싶지 않다는 생각을 하며 말이다. 사람 일은 참 모르는 것이다. 그렇게 영어 단어 암기를 싫어하던 내가 영어 강사 일을 했고, 4년간 나의 수입을 책임져 주었다. 지금은 단어를 외우지 않지만 그럼에도 휘발되지 않고 오랜 기간 진하게 떠오르는 단어가 몇 가지 있다. 우리나라 말로는 한 단어로 설명되지 않는 표현이거나, 그 시절 한국어로도 미처 이해하지 못했던 단어들이 그렇다. 그중 하나가 바로 'bilingual'이었다. 우리말로 '두 개의 언어를 사용할 줄 아는' 혹은 '이중 언어 사용자의'라는 뜻이다. 명사형인 'bilingualism'은 '두 개의 언어를 사용하는 능력'이다. 영어가 세계 공통어라 고유어와 함께 사용하는 나라들이 많이 존재하기에 만들어진 단어가 아닐까. 우리나라에는 이런 의미의 '단어'는 없으니 말이다.

언어라 함은 단순히 소통을 위한 글자 정도를 의미하지 않는다. 한 지역 혹은 국가의 몇십, 몇백 년간에 걸쳐 생성된 문화의 농축물이다. 그러니 두 개 이상의 언어를 완벽히 구사하기 위해서는 그 나라의 문화를 몸으로 직접 체득해야 한다. 약 100년의 수명을 가진 인간에게는 사실상 하나의 언어도 완벽하게 구사하는 게 결코 수월하지 않다. 현재 전 세계에서 사용하는 언어의 수는 7,151개라고 한다. 그중 40퍼센트 정도는 멸종할 위기이며 1,000명도 안 되는 사람들이 사용하는 언어도 여럿 존재한다. 언어는 한 세계를 담는다. 이 수많은 언어를 구사하는 인간은 이동하고, 소통하고, 감정과 지식을 향유한다. 이 중간 다리 역할을 하는 사람들이 바로 '번역가'이다.

번역을 하는 사람들이야말로 문화 전문가가 되어야 한다. 혹은 탐구가 정도의 태도는 가지고 있어야 이상적인 번역에 다다를 수 있다. 단순히 번역기처럼 언어를 전환하는 역할이라면 번역가가 아닌 '전환가'가 어울릴 것이다. 번역은 언어의 필라멘트다. 언어와 언어의 연결을 만드는 것이다. 그렇게 따져보면 우리는 모두 번역가의 삶을 살고 있다. 각자의 세계에 살고, 그 안에서 자연스럽게 수혈되는 언어가 존재하기 때문이다. 1950년대에 태어난 사람과 1990년대에 태어난 사람의 언어는 다르다. 기업의 3년 차 직장인과 10년 차 간부 직장인의 언어는 다르다. 대형병원에 갓 취직한 간호사와 그에 입원한 고령 환자의 언어는 다르다. 하지만 우리는 매 순간 연결되어 소통한다. 적절히 이해하고 적당히 살아남기 위해서 매 순간 상대의 언어를 번역하며 살아간다. 그러니 우리는 모두 생존 번역가다.

7년 차 직장인 A 씨는 회사 임원에게 쓴소리를 듣고 나서 10년 차 과장에게 이를 전달할 때 "과장님의 일 스타일이 별로라고 화내셨습니다"라고 직역하는 것이 아닌, "아유, 윗분들 아시잖아요~. 과장님 우리 조금만 더 맞춰 봐요!"라고 너스레를 떠는 번역 내공이 생긴다. 각자의 생존을 위해 번역력이 자리한 것이다.

번역의 시작은 상대를 배려하는 태도에서 나온다. 언어가 다른 두 상대방, 혹은 나와 상대방을 온전히 이해하고 바라봐야 한다. 한 세계를 공유하는 우리는 모두 두 개 이상의 언어를 구사하는 능력^{bilingualism}은 물론이거니와, 나와 타인의 존중을 위해 수백 가지의 언어를 습득하는 중이다.

사라진 머리뼈를
공개한 그녀

한때 온 마음을 다해 앵커를 꿈꿨던 시간이 있었다. 그때는 모든 뉴스를 볼 때 소식보다 말하는 사람을 분석하듯 쳐다보는 게 습관이었다. 그리고 이제는 뉴스를 볼 때마다 어김없이 마음이 이두워진다. 요즘 따라 안타까운 사고 소식이 많아서일까. 이틀 전에는 횡단보도에 서 있던 시민 9명이 역주행하는 차에 치여 사망했고, 어제는 택시가 국립중앙의료원 응급실로 돌진하는 사고와 폐지를 줍던 노인이 대형 화물차에 깔려 숨지는 사고가 있었다. 이런 안타까운 소식을 전해 들을 때마다 그들의 슬픔을 TV 너머로 예측하고 애도하는 것이 내가 할 수 있는 전부였다. 모르는 이의 사고 소식에 마음이 아픈 것은, 뇌에서 나와 나의 주변 사람에게도 충분히 일어날 수 있는 일임을 간접적으로 암시하기 때문일 것이다. 만약 사고의 대상이 나였다면, 나의 주변 사람이었다면, 얼마나 찢어지는 마음일지 슬픔을 상상하고 공감하는 마음으로 애도한다.

'사고'는 뜻밖에 일어나는 일을 의미한다. 그러니 누구에게나 오늘 당장 일어나도 이상하지 않은 것이다. 평소와 같이 접속한 인스타그램에서 흰 바탕에 검은 글자가 적혀 있는 게시글이 눈에 들어왔다. 글의 내용은 '은빈이가 의식이 없어 중환자실에 입원해 있으니 답변이 없어도 놀라지 마시고, 깨어날 수 있도록 함께 기도를 부탁한다'라는 은빈 님의 남편분이 쓴 글이었다. 마음이 쿵하고 내려앉았다. 예상치 못한 부정하고 싶은 소식에 길 한복판에 걸음을 멈출 수밖에 없었다.

은빈 님은 약 2년 전, 나의 강연에 찾아온 인연으로 시작되어 숏폼(1분가량의 짧은 영상)으로 퍼스널 브랜딩을 하는 챌린지 프로그램에 4개월간 참여했었다. 처음 시도해 보는 숏폼 제작이었음에도 밝고 영리한 태도로 금방 좋은 결과들을 만들었고, 100인의 수강생 중 리더 5인으로 활동하셨다. 우리는 프로그램이 끝난 이후에도 계속 인연을 이어가며 이야기를 나누곤 했다. 은빈 님은 내가 여태 만난 그 어떤 사람보다도 맑았다. 예쁜 외모와 목소리도 가지고 있지만, 그녀의 성격은 스스로 빛을 뿜어내는 유리구슬 같았다. 나의 첫 북토크에 찾아와서 직접 쓴 손 편지를 씩씩하게 읽어주며 주변을 까르르하게 만드는 사랑스러운 사람이었다.

내가 아는 가장 밝은 사람이 의식이 없어 병원에 입원해 있다니. 다짜고짜 무언가 불공평하다고 생각했다. 할 수 있는 거라곤, 종교가 없어도 하늘에 기도하는 것뿐이었다. 은빈 님에게 메시지를 보냈다. 그리고 몇 주 뒤, 그녀에서 아주 긴 답변이 왔다. 다행히 의식을 찾았고, 걱정을 끼쳐 미안하고 잘 버텨 보겠다고. 그리고 아직 큰 수술들이 몇 번 더 남았지만 용기를 내어보겠다는 이야기였다. 병실에서 버티는 것이 쉽지 않은 일일 텐데 카카오톡 대화창의 전체 보기를 눌러야 할 만큼 긴 답변이었다. 그리고 또다시 몇 주 후, 그녀의 소식을 뜻밖의 영상으로 볼 수 있었다. 자신의 이야기를 유튜브 '우자까' 채널에 숏폼 영상으로 올리기 시작한 것이다. 그렇게 먼발치에서 꼼꼼히 전해 듣게 된 그녀의 이야기는 충격적이었다. 슬픔의 충격이 아니었다. 감사의 충격이었다.

영상 속 은빈 님은 짧은 삭발과 함께 왼쪽 머리뼈가 없었다. 외상성 뇌출혈로 개두술을 했고, 왼쪽 머리뼈 5분의 2 정도를 들어내어 냉동실에 보관하고 있는 상태였다. 그뿐만이 아니었다. 승무원, 은행원, 작가, 강사, 크리에이터로 활동하며 말하기에 자신이 있었던 그녀는 좌뇌 손상이 컸기에 언어장애를 피할 수 없는 상황이었다. 기적적으로 다행히 2~3퍼센트의 극소수 확률로 언어장애가 심하지 않은 편이라, 단어가 잘 떠오르지 않는 기억력의 손상 정도라고 했다. 언어 재활치료를 받으며 나중에는 큰 문제 없이 대화할 수 있을 정도로 좋아지는 모습이었다. 여러 차례의 큰 수술을 받을 때마다 의사는 가족들에게 최악의 상황을 설명해야 하는 의무를 다해야 했다. 그 말은, 이 정도 상황이라면 수술 후 사망하거나 평생 말을 하지 못할 수도 있다는 것이었다.

추후 그녀를 만나 사고의 원인을 조심스레 물었다. 너무 황당하게도 아무런 이유가 없었다. 교통사고도 아니었고, 계단 같은 위험장소에서 크게 구른 것도 아니었다. 평소와 같은 출근길, 승무원 준비를 하는 학생들에게 줄 선물을 양손에 가득 들고 서두른 날이었다. 마지막 면접을 준비하는 날이라 구두를 신고 빠르게 걷던 중 평지에서 그만 발을 헛디디며 뒤로 넘어지게 되었고, 이후 기억이 나지 않는다고 말했다. 이후 들은 바에 의하면 바닥에는 머리에서 흐른 피가 흥건했고, 지나가던 행인들의 신고로 응급차를 타고 병원에 이송되었다고 한다.

　　초반에 올렸던 영상들에는 모자를 쓰고 있어서 왼쪽 머리뼈가 없나는 사실을 몰랐다. 이후 어느 순간부터 용기를 내어 모자를 벗은 모습을 세상에 보여주었다. 마음이 아프면서도 어느새 미소를 짓게 되었다. 그녀의 아픔이 상상하지 못할 정도로 컸지만, 그녀의 밝음은 이를 무색하게 만들 만큼 거대했기 때문이다. 그녀의 영상에 감동한 건 나뿐만이 아니었다. 수많은 사람에게 빠르게 퍼지기 시작했고 영상의 조회 수는

1,000만 뷰를 가볍게 넘겼다. 여러 방송 채널에서 그녀의 이야기를 궁금해했다. 영상에서 보이지 않는 아픔이 얼마나 큰지 감히 상상할 수 없었다. 무력한 순간과 원망스러운 순간들, 괴로운 순간들이 숱하게 많았을 것이다. 그러나 그녀는 결국 해피엔딩을 만드는 강한 사람이었다.

사고가 있고 난 몇 달 후, 의사의 예상보다 빠르게 퇴원하고 매일 오전 통원 치료를 하는 그녀를 만날 수 있었다. 그녀의 동네로 찾아갔다. 만나자마자 우리는 서로를 꼭 껴안았다. 그리고 한참을 그녀와 대화했다. 그리고 알게 되었다. 그녀를 온전히 버티게 만든 것은 '가족과의 대화'였다.

한낮의
비눗방울 같은 사람

　은빈 님의 동네 카페에서 기다리다 전화를 받고 밖으로 나갔다. 은빈 님은 남편분의 손을 잡고 걸어오고 있었다. 환하게 웃으며 손을 흔들었다. 처음 만난 은빈 님의 남편분은 내가 상상한 그대로 무척 선한 인상이었다. 그녀는 개두술을 하고 오랜 시간 머리를 감을 수 없어서 가만히 있어도 냄새가 났다고 한다. 이때 남편분은 매일 저녁 퇴근하고 와서 은빈 님의 정수리에 코를 박고 냄새를 맡으며, 이렇게 말했다고 한다.

　"우리 은빈이 얼굴은 예쁘고, 귀여운 비듬에 냄새까

지 엄청 구수하네!"

나는 이 이야기를 듣고 그 어떤 시련도 이 가족을 무너뜨릴 수 없겠다고 감히 느꼈다. 한편으론 은빈 님이 부럽기도 했다. 고통의 순간, 슬픔 대신 웃는 사랑을 전하는 사람을 배우자로 곁에 두는 건 그만큼 은빈 님이 온전한 사랑을 주고 또 받을 줄 아는 사람이라는 의미이기도 하니 말이다.

은빈 님과 아기자기한 동네를 걸었다. 그녀는 아직 단어가 제대로 생각나지 않는 것들이 많은데, 오늘 점심에는 어머님이 냉면을 해줘서 "엄마, 냉면에 겨털 넣어 먹으니까 너무 맛있다!"라고 말하니 가족들이 덤덤히 "겨자, 겨자"라고 했다며 까르르 웃었다. "아직도 이렇게 단어가 하나씩 헷갈려요"라고 하면서 말이다.

수다를 나누다 보니 어느새 전망이 예쁜 카페에 도착했다. 그리고 우리는 눈을 맞추며 못다 한 이야기들을 나누기 시작했다. 은빈 님은 그동안 너무 보고 싶었다며 설레는 이 순간을 만끽했다. 나는 그녀에게 묻고 싶은 수많은 질문 중, 가만히 하나를 골랐다.

"은빈 님, 병원에서 정말 고생 많으셨잖아요. 저는

상상도 하지 못할 아픔인데… 물론 힘든 시간도 많았겠지만 그 시간 동안 어떻게 밝을 수 있었어요?”

그녀는 환하게 웃으며 말했다.

“저 아직 언어치료를 받는데, 말할 때 두괄식으로 하래요. 수빈 님도 콘텐츠에서 그렇게 하잖아요. 음, 두 가지가 있었어요!”

나는 그녀의 모습이 귀여워서 웃음이 터졌다.

“맞아요. 첫 번째는요?”

“첫 번째는 가족들이 아무렇지 않게 반응했어요. 예를 들면, 제가 사고 후에 눈을 떠보니까 왼쪽 머리가 없었거든요. 그때 거울을 보면 적응이 안 되고 우울해졌어요. 근데 가족들이 다 아무렇지 않아 하는 거예요. 아빠가 제 머리를 쓰다듬으면서 ‘아유, 신기하네~. 허허. 언제 이린 걸 보냐. 은빈아, 너도 처음 보지?’라고 말하더라고요. 그래서 ‘아, 생각보다 괜찮구나’라고 생각하게 됐어요.”

가장 가깝게 연결되어 있는 가족의 다정한 언어는 모든 아픔을 퇴색시킬 만큼 그 힘이 강력하다. 나는 그녀를 보며 사람을 살리는 언어에 대해 깨달았다. 은빈 님의 가족분들은, 안타까운 상황이 아닌 딸의 있는 그대로의 예쁨을 바라보는 시선을 가지고 있었다. 그녀는 이어서 말했다.

"두 번째는 주변에 있는 사람들이었어요. 제가 개두술 이후 두개골 성형술을 받을 때까지 재활치료 병원에 있었는데 몇 분은 저처럼 머리가 한 쪽씩 없는 거예요. 누구는 왼쪽, 누구는 오른쪽. 근데… 그 병실 안에서 유일하게 저만 말을 할 수 있었어요. 옆에 있는 사람은 말을 하지 못하고 글자만 쓸 수 있어서 핸드폰이나 종이에 글자를 썼어요. 또 다른 사람은 아예 말을 잃어버린 사람도 있었고요. 적어도 그중에, 제가 제일 운이 좋은 케이스였어요. 단어를 더듬거렸지만 기적처럼 말을 할 수 있었잖아요. 그러니 감사할 수밖에 없는 거예요."

그녀가 이어서 말해준 놀라운 이야기는 병실에 있는 환자분들의 사고 사유가 대체로 특별하지 않았다는 것이다. 평지에서 걸어가다 넘어졌던 그녀 외에도 찜질방에서 갑작스러운 뇌출혈, 공부하던 명문대생의 스트레스로 인한 뇌출혈 등. 전혀 전조증상이 없던 건강한 사람이 하루아침에 중환자실에 누워 있는 것이 그곳에서는 이상하지 않은 일이었다.

지금 가지고 있는 것들에 충만하게 감사함을 느꼈을 때, 스스로에게 좋은 말을 제공한다. "넌 참 행운이야. 오늘은 어제보다 더 말을 잘하게 됐네?"와 같이 말이다. 현재를 부정한다면 '앞으로 다시는 완벽하게 말하지 못하면 어떡하지? 아무 잘못도 없는데 어떻게 나에게 이런 일이 생기는 거지?'와 같은 원망 짙은 생각들에 끝임없이 사로잡힐 수도 있었을 것이다. 그러나 어두운 부분이 드리우면, 반드시 밝은 빛이 돋보이기 마련이다. 그녀는 이 사고로 인해 무엇과도 바꿀 수 없는 다정한 가족의 사랑, 그리고 말의 소중함을 깨달은 것이다. 그녀는 앞으로 말에 대해 이야기하며 수많은 사람을 살릴 것이다. 그 능력을 얻었다. 하루아침에 머리뼈를 잘라내 언어장애를 얻게 되고, 이를 극복한 사람이 수는 희망은 분명 깊이가 남디를 수밖에 없기 때문이다.

우리가 만난 날에는 영상 속 삭발했던 머리에는 머리카락들이 많이 자라 있었다. "이 머리 스타일도 참 잘 어울리네요"라고 말하는 나에게 머리를 한 번 더 짧게 자를까 생각 중이라고 답했다. 엄마 아빠와 사진을 찍고 싶다며 말이다. "언제 또 이 머리를 해보겠어요"라고 웃으며 말하는 그녀는 한낮의 비눗방울 같은 사람이었다.

후우- 하고 비눗방울이 공기 중에 퍼지면 어른과 아이 모두 그 순간에 머무른다. 햇빛에 영롱한 방울이 반사되고 바람결이 눈에 보이는 듯 하늘을 배경 삼아 자유롭게 유영하는 모습은 불안한 생각들을 상쇄시킨다. 지금의 순간들을 발견하며 꾸준히 영상으로 기록했기에, 은빈 님의 이야기는 모두에게 현재를 사는 존재감을 주었다. 지금 이 순간 존재하는 감사를 매만지는 언어들이 차곡이 쌓여서 자주 행복한 사람을 만든다.

평소답지 않은 말

　콘텐츠를 만들고 글을 쓰는 일은 불특정 다수의 평가를 받는 일이기도 하다. 온라인상에서 전달과 도달이 반복되는 콘텐츠는 오프라인과 달리 나의 일이 누구에게 닿는지 알 수 없다. 익명성이 존재하기 때문이다. 그래서 수많은 연예계 종사자와 인플루언서는 악플에 상처받거나 더 심한 경우 자아의 혼란을 겪기도 한다.

　나 또한 자극적인 콘텐츠를 지향하는 창작자가 아님에도 선을 넘는 악플을 접하는 경우가 있다. 처음에는 안쓰러운 사람들의 허무한 공격이라고 여겼다. 그러나 무참히 상처를 받게 되는 순간은 따로 있었다. 그 말이 내포하고 있는 의미에 상처를 받는 것이 아니라, 나에게 어떻게든 '상처를 주고 싶은' 마음에 상처를 받는 것이었다.

대부분의 악플은 세상에 대한 분노를 표출하기 위해 눈을 가린 사람들의 배설물이다. 종종 온라인상에서 특정 인물을 너무도 미워하는 나머지 '이 사람에게 어떻게 해야 상처를 줄 수 있을까'를 고민한 흔적이 열렬히 느껴지는 글을 마주친다. 때로는 교묘하기도 하다. '악플 쓰려는 게 아니고요'로 시작하는 위선의 악플도 몇몇 있다. 마치 '기분 나빠하지 말고 들어'라며 자신의 말이 절대적으로 옳음을 강요하는 꼰대의 언어와 비슷한 꼴이다. 이런 사람들은 온 세상에 자신의 고통만 선명히 존재한다고 착각한다. 자신의 말이 타인의 마음에 어떤 진물을 내는지도 모른 채 말이다.

누구에게나 공평하지만 적당하지 않은 상처가 존재한다. 공평함의 기준은 다르겠지만, 태어나는 순간 선택하지 않은 환경에서 함께 부딪히고 살아가며 수많은 생채기가 나는 것이 당연하다. 비와 해충 없이 크는 나무가 없는 것처럼 말이다. 그러나 자신의 상처만 고귀하게 여기며 타인의 상처는 무의미하게 만들어 버리는 사람들이 있다. 만일 이런 무례한 사람들을 마주하게 된다면, 세상의 넓음을 보지 못하는 그들에게 깊은 연민을 느껴야 한다. 서로 가진 상처의 크기는 달라도 아픔이 존재하지 않는 삶은 없음을 깨닫는 순간, 친절함을 베풀 이유가 생긴다. 우리는 모두 조용히 투쟁하는 삶을 살고 있다.

희망 사항: 멋진 어른

처마 끝에 떨어지는 물방울 하나는 이슬과도 같다. 그러나 그 한 방울이 하루, 한 달, 1년을 같은 자리에 떨어지면 시멘트 바닥이 파이기도 하고 생명이 서식하는 웅덩이가 되기도 한다. 사람도 마찬가지다. 간신히 숨을 쉬는 날들과 스쳐 지나가듯 흘러가는 날들, 그리고 숭고한 날들이 쌓이면 결국 나이 듦에 다다른다. 어릴 적에는 이해하지 못했지만, 이제는 이해할 수 있는 것들이 존재한다. 각자만의 내공이 생겨나는 것 또한 아주 자연스러운 일이다. 하지만 안타깝게도 많은 이들이 나이 듦이 곧 성숙이라 착각한다. '친구'라고 해서 엇비슷한 경험치를 얻은 것이 아닐 수 있으며, '선배'라고 해서 꼭 더 많은 지혜를 갖고 있지 않을 수도 있다.

한국은 나이가 지위나 선택의 기준이 되는 나라 중 하나다. 그래서인지 본인보다 인생을 조금 더 산 사람이라면 무릇 '인생 선배'이니 나보다는 더 너그러우며, 나보다는 더 존경할 만한 부분이 있을 거라는 기대를 무의식에 탑재한다. 나 또한 그런 적이 많다. 특히 상대에 대한 정보에 아예 무지하거나, 오히려 미디어에 비치는 모습만으로 그 사람을 거의 안다고 생각했을 때 이러한 오류가 일어난다. 더불어서 인간적 호감을 가지고 있었던 '인생 선배'들의 무례하고 미성숙한 태도를 마주하게 되는 것만큼 실망스러운 일이 없다. 기대하지 않는 것에 익숙해졌다고 생각했는데, 여전히 수많은 타인에게 바라는 이상적 모습이 있었음을 깨닫는다.

같은 동네에 사는 지인을 만나 알고 보니 나이만 선배였던 사람에게 실망했던 이야기를 털어놓았다. 나보다 10년 앞서서 많은 경험을 만든 그는 내 이야기를 듣다가 마시던 하이볼 잔을 서둘러 내려놓으며 "설마 성숙한 어른을 기대했던 거예요?"라며 웃었다. 그가 몇 년간 노년기에 접어든 수많은 사람과 일하면서 가장 많이 느끼는 바는 '멋있는 어른'은 극소수라는 것이다. 아쉽지만 '어른'이라 주장만 하는 사람들 혹은 '어른'이 되지 못한 사람들을 만날 확률이 높은 것이 현실이라 덧붙였다. 우리가 '어른'이라 기대하는 사람은 어쩌면 성인군자에 가까운 허상일지도 모른다. 나에게 멋진 어른도 누군가에게는 나이만 선배인 사람일 가능성이 크니 말이다.

도대체 어른의 멋은 어디에서 나오는 것일까. 그 멋을 아는 어른은 또 얼마나 될까? 인간의 미완성을 인정하고 수백 번의 시행착오를 할 줄 아는 사람, 실수와 교정, 시도와 반성을 통해 농축된 성숙의 미를 아는 사람을 어른이라 정의 내리면 괜찮을까?

물론 나에게도 어른이 존재한다. 내가 알고 있는 소수의 멋진 어른들의 공통점은 첫 번째로 인상이 멋지다. 나이가 들수록 어떤 말을 하고, 어떤 마음을 표현했는지 얼굴에 드러난다는 말이 있다. 이 표현이 실례가 될 수 있겠지만, 성별을 막론하고 그들의 인상이 '멋지다'보다도 '귀엽다'의 영역에 조금 더 가까운 듯 느껴진다. 마음의 맑음은 주름이 감출 수 없기 때문이다. 마치 아이 같은 표정이 여전히 남아 있는 어른들이 그러하다. '인자함'이란 단어로는 뭔가 부족하다. 유쾌함을 설명할 수 없기 때문이다. 그 표정을 설명하는 것은 '귀염성'이 아무래도 적절한 표현이다.

두 번째로 자신이 존경받을 만한 사람이라는 사실을 일부 부정했다. 언제든 힘들 때 찾아와서 조언을 구해도 좋다며 어떤 계산적 판단도 하지 않고 말해줄 수 있다는 다정한 단호함을 보이지만, 그럼에도 자신이 여전히 미완성 인간이라는 사실을 구태여 숨기지 않는다. '어른스러움'에 집착하지 않는 어른인 것이다. 또 위로하는 방식으로는 주로 자신의 성공이 아닌 실패를 거리낌 없이 활용한다. '나는 이렇게 하니 잘된 거야'보다는 '나는 이렇게 해서 다쳤으니 너는 그러지 않았으면'에 집중해서 이야기한다. 오랜 시간의 숭고한 노력으로 만들어진 당신의 내공은 모든 순간 뿜어져 나오기에 구태여 반복해서 언급하지 않아도 모두가 알고 있다. 반면에 자신의 과업을 행여 몰라줄까 두려워 명예가 있는 사람들의 이름을 언급하거나 성공을 과시하려 노력하는 이들도 있다. 미성숙한 사람들이 저지르는 실수 중 하나는 조급함과 인정받고 싶은 마음을 감추지 못하는 것이다.

혹 '멋없는' 어른을 만나게 된다면, 적어도 내가 그의 나이가 되었을 때에 타인에게 이런 감정을 심는 사람은 되지 말아야겠다고 다짐하면 그만이다. 그 또한 배움이다. 만약 살면서 한 명이라도 '멋진 어른'을 만나게 된다면, 이는 엄청난 행운이다. 그와 나누는 대화는 분명 귀할 것이다. 당장은 도움이 되지 않는다고 느껴질지 몰라도 결정적인 순간, 삶이 잘못된 방향으로 흘러가지 않도록 나은 선택지를 제시하는 실마리가 되어줄 것이다. 먼저 겪은 시행착오와 수많은 시간을 간접적으로 경험할 수 있기 때문이다.

좋은 어른과 선배를 곁에 많이 둘수록, 생각이 고립되지 않는다. 단순히 많은 대화가 깊은 생각을 만드는 것이 아니다. 어떤 사람과 어떤 주제로 대화를 나누는지에 따라 숙고와 판단의 영역이 달라진다. 훗날 멋진 어른이 되고자 하는 희망 사항이 있다면, 먼저 같은 시대를 살고 있는 인생 선배들과 풍부하게 대화하는 경험이 필요하다.

불확실성을 환대하기

　　"수빈아, 너 나랑 발리에 가자."

　　서로의 서사를 공유하는 사이이자, 전 SBS PD 인 성
아 언니의 말 한마디가 예측 불가한 여행의 시작이었
다. 서로 너무도 지쳐 있는 날들에 발리가 등장했다. 그
렇게 정신을 차리고 보니 발리 우붓의 한 카페에 앉아
글을 쓰고 있다. 태어나서 가장 먼 지구 여행이자 가장
짧은 8시간이었다. 비행기의 창가석에 앉자마자 1시간
동안 내가 한 일은 좌석 앞의 태블릿 모니터 속 지도를
검지 손가락 하나로 이리저리 탐험하는 것이었다. 화면
속에는 세계지도라기보다는 지구가 보였다. '지구 지

도'가 조금 더 정확한 명칭인 듯하다. 높은 하늘에서 보는 실시간 지구 지도는 흥미로웠다. 이토록 넓은 바다가 있구나. 이만큼 먼 곳에도 사람이 살고 있구나.

여행을 많이 해보지 못했지만 비행기를 타는 걸 좋아한다. 지구에 산다는 느낌을 온전히 느낄 수 있기 때문이다. 태양이 비행기를 비출 때는 발아래로 구름이 보이고, 태양이 다른 대륙을 비출 때는 눈높이에 별이 보인다. 쏟아질 것 같은 별들이었다. 그 아래에는 육지에서 인간들이 만든 인공 빛들이 가득 별처럼 빛났다. 저 아래 보이는 빛에서 어떤 무수한 삶이 있을지 상상했다. 외계인이 된 것 같았다. 비행기가 왼편으로 기울었다. 지평선의 경계가 사라졌다. 발아래 별이 있었다. 그것도 아주 수많은 별. 지구가 아니라 분명 우주에 있는 듯했다. 별 속에 파묻힌 기분은 아주 느리게 황홀했다.

여행 첫날, 아무런 계획이 없었다. 근처 폭포에 가볼까 하는 정도의 계획을 가지고 야외 호텔 로비에 앉아 있었다. 이때 40대 여성인 호텔 지배인이 활짝 웃으며 다가왔다.

"좋은 아침! 이제 어디 갈 거야?"

우리는 답했다.

"폭포에 갈까 하는데… 아직 계획은 없어."

그녀는 눈을 동그랗게 뜨며 물었다.

"괜찮으면 오늘 낮에 결혼식이 있는데, 같이 갈래? 결혼식에 입고 갈 전통 의상도 빌려줄게."

고민할 새도 없이 함께 "오브 콜스!"를 외쳤다. 투어 프로그램을 이용해도 할 수 없는 흥미로운 경험이었다. 누구의 결혼식인지도 모른 채 우리는 전통 의상을 입혀주는 직원 분의 손길에 몸을 맡겼다. 알고 보니 우리가 묵은 호텔 대표의 조카이자 직원의 결혼식이었고, 호텔의 모든 직원이 참석하는 듯했다.

준비를 마치고 직원 분의 오토바이 뒷자리에 올라탔다. 우붓은 도로가 좁아서 대부분 오토바이를 타고 다닌다. 전통 의상을 입고 오토바이 뒷자리에 올라타 바람을 가르며 달리는 우붓 시내는 가히 인상적이었다. 지나가며 마주치는 발리 사람들은 손을 흔들어 주고 얼굴 가득 미소를 보냈다. 전통 의상을 입은 외국인은 우리뿐이었으니 눈에 띌 만도 했다.

도착한 결혼식장은 발리의 전통이 물씬 느껴지는

마당이 있는 집이었다. 아침에 가족들과 소소한 결혼식을 마치고, 친구와 동료들에게 식사를 대접하는 오후 순서에 우리가 참석한 것이었다.

도착하고 보니 전통 의상을 입은 사람들은 소수였다. 직원들은 대부분 평상복을 입고 왔다. 오히려 발리 지인들보다 우리가 더 눈에 띄는 듯했다. 이방인을 위한 이벤트였던 것인가. 모든 사람이 활짝 웃으며 우리를 반겨 주었다.

잠시 후에 발리의 교통체증으로 신부가 도착하지 못했다는 소식을 들었다. 신부 없는 결혼식에서 우리는 한 시간을 기다려야 했다.

아무렴 어떤가. 여유롭게 주변 거리를 둘러보기로 했다. 투둑투둑 비가 내리기 시작했다. 세찬 비를 손으로 가리며 서둘러 결혼식장으로 돌아온 우리에게 "모두 다 너희를 찾고 있었어!"라며 깔깔 웃었다. 아마 '전통 의상 입은 두 외국인 못 봤나요?'라며 물었을 것이다. 이곳은 맑았던 하늘에도 소나기가 대차게 쏟아지고, 흐린 하늘도 금방 풀어진다. 자주 변하는 날씨에 아랑곳하는 사람이 하나 없다.

나는 호텔의 대표님에게 '한국에는 비가 내리는 날에 결혼하면 잘 산다는 이야기가 있다'라는 말을 전했다. 우리에게 음식을 권하고, 디저트를 여러 개 가져다주며 하나씩 음식에 대해 설명해 주었다. 음식은 한국처럼 뷔페 문화였다. 접시가 나무줄기로 만들어졌다는 차이점이 있었지만 말이다. 모든 게 좋았다. 비 내리는 야외 처마에 앉아 저녁을 먹으며 끊임없이 이야기를 나눴다.

'이른 저녁이지만 많이 먹어.' '우리 호텔에 있는 아기 고양이가 우리보다 더 유명해서 질투 난다니까?' '인도네시아 사람들은 한국 문화를 정말 좋아해.' '인도네시아 음식은 입에 잘 맞아?' '한국의 4월은 어때?' '여기는 우리 대가족이 25년 동안 살았던 집인데, 지금은 건너편 길로 이사 갔어.' 이런 시시콜콜하지만 궁금한 대화들이었다. 더 완전한 사실 전달을 위해 영어의 공백을 손짓과 표정으로 메웠다. '한국의 봄에는 벚꽃이 참 예뻐'라는 말을 하기 위해서 손가락을 오므렸다 펴는 걸 반복했다. 완벽하지 않은 언어로도 서로를 좋아하고 환대하는 마음은 충분히 전해졌다. 이방인에게 베푸는 넉넉한 환대가 이 여행을 완벽하게 만들었다.

그렇게 호텔로 돌아온 후, 언니는 레몬 맛 빈땅 맥주를 부딪치며 나에게 말했다.

"나는 17년간 PD로 일하면서 인생이 큐시트라고 생각했어. 모든 게 완벽하게 짜여야 괜찮은 삶인 줄 알았던 거야. 그런데 삶은 큐시트가 아니더라. 오늘의 불확실한 하루를 오래도록 기억하자. 예상치 못해서 더 완벽했다. 그렇지?"

"아무리 완벽하게 계획해도 완벽하지 않은 게 삶인가 봐요. 더 멋진 날들을 위해 불확실함을 사랑해야겠어요."

낯선 땅에서 나누는 대화는 많은 영감을 불러온다. 이곳 발리에서는 공간의 서사를 공유하지 않은 이들이 한데 모여서 휴양을 즐긴다. 무엇보다 이곳에서 처음 만나는 지구인들과 서툴지만 다정한 대화를 자주 나누고 싶어졌다.

낯선 언어를 사용할 때 생산되는 공백은 배려를 낳는다. 상대가 나의 의도를 오해 없이 받아들이고, 또 가장 적절하게 이해하도록 하기 위한 노력이 선행된다. 다른 언어를 쓰는 두 사람은 사소한 문장의 대화에도 더 감탄하는 리액션으로 참여한다. 문장의 완성도를 감정이 전달하기 때문이다. 이는 원활한 소통 능력을 갖기 이전에만 존재하는 또 다른 즐거움이다.

존중하는 사랑은
묻어난다

　'사랑이 많은 사람'에 대해 이야기해 보려 한다. 근래 들어 다양한 사람들과 마주하게 되었다. 그중에서, 함께 있으면 유독 미소 지어지는 사람들이 있었다. 그들은 모두 사랑을 하고 있었다. 그 사랑의 대상은 다양했다. 아이, 연인, 배우자, 일 등등. 나는 이런 사람들을 '사랑이 많은 사람'이라 칭한다. 일에 대한 사랑은 숭고하다. 하지만 사람에 대한 사랑은 위대하다. 한 사람을 떠올리며 기쁨과 행복을 숨기지 못하는 사람들이 그렇게 예뻐 보였다. 그가 떠올리는 사람을 모르는데도 말이다. 우연히 대화를 나눈 네 명의 남성에게 나는 존중

하는 사랑을 배웠다. 그들의 사랑은 굳이 티 내지 않아
도 모든 대화에서 묻어 나왔다.

흔히들 말한다. "3년 이상 만나면 가족이지~." "설
렘은 딱 1년이야." 물론 설렘 없는 사랑을 결코 사랑이
라 생각하지 않는다는 것은 아니다. 다만 편안함을 무
기로 존중하지 않는 태도를 합리화하는 것은 옳지 않은
태도라고 생각한다.

당연해진 관계에 대한 시니컬한 말들을 무참히 무
너뜨리는 연인들을 좋아한다. A 는 30대 초반 남성이
다. 그에게는 오랜 연인이 있다. 그들에게는 암묵적으
로 약속된 '태도'가 있다. 그는 제삼자가 본인의 연인과
아는 지인임에도 불구하고 '○○이가~'라고 하지 않는
다. 꼭 '○○ 님이'라고 칭했다. 나는 그들이 서로가 보
이지 않는 곳에서도 얼마나 존중하고 있는지 느낄 수
있었다. 또한 모든 말의 말미에는 그녀의 칭찬 혹은 그
녀와의 관계로 인해 본인이 어떤 변화를 느끼고 있는지
를 이야기했다. 물론 내가 그녀를 아는 지인이기에 편
안한 마음으로 이야기하는 걸 수도 있겠으나, 이는 그

의 세상이 그녀와 충분히 맞닿아 있다는 걸 증명하는
듯했다.

미혼자로서 좋아하는 단어 중 하나를 골라보자면
'아내'이다. 나는 괜스레 '와이프'라는 단어에 정이 가
지 않는다. 남편을 '내 허즈번드'라고 칭하지는 않지
않은가? 참으로 이상한 언어이다. 왠지 아내라는 단어
가 쑥스러워서 적당히 밋밋한 말을 고른 듯하다. 지극
히 개인적인 의견으로 나는 자신의 배우자를 '아내'라
고 칭하는 사람 중에 성품이 부드럽지 않은 사람을 본
적이 없다. '제 아내가 손재주가 좋아서요' '평일 저녁
에 아내랑 맥주 한 캔 까고 데이트하는 시간이 좋아요'
라고 이미 그 상황을 상상하며 눈으로 미소 짓는 사람
들이었다. 며칠 전 만난 30대 중반 남성인 B가 그러했
다. 그의 입에서 '아내'라는 단어가 나올 때마다 조심스
럽게 대하고 싶어 하는 것이 느껴졌다. 그 역시 몇 마디
말을 나누었을 뿐이었지만 다정한 사람임을 눈치채기
에 충분했다.

결혼한 지 10년이 넘은 부부에게서 설렘을 배웠다.

C는 40대 중반 남성이다. 20대인 나, 30대인 다른 지인 분들과도 어렵지 않게 어울리는 센스와 다정함을 갖춘 분이다. 나보다 C와 훨씬 깊은 친분이 있는 지인은 이렇게 말했다.

"나는 C가 참 괜찮다고 느낄 때가 언제냐면, 부인 이야기를 할 때 자기 얘기하는 거보다 더 신나 하더라고. 매번 그래."

C의 아내는 작가이다. 그녀가 쓴 글에 대한 이야기를 전해주는데, 아이처럼 눈빛을 반짝이며 자랑하기 시작했다.

"내 아내지만 정말 대단하다고 생각해. 어떻게 이런 생각을 하지? 표현을 이렇게도 할 수 있구나 싶다니까. 내가 이런 사람이랑 사니까 대화하는 게 얼마나 즐겁겠어. 정말 많이 배워."

나 역시 그 이야기보다도 그가 눈빛을 반짝이며 그의 아내를 진심으로 사랑하는 모습이 더욱 인상 깊었다. 10년이 넘은 결혼생활에서 존경과 다정함이 함께 숨 쉬는 것은 결코 가벼운 노력으로 만들어지는 것이 아닐 테니 말이다.

나는 사랑에 솔직한 사람이 매 순간 멋지게 느껴진다. 친구들과 함께 있는 자리, 혹은 외부에서 연인의 전화를 받으면, 보통은 부끄러워서인지 몰라도 괜히 무뚝뚝하게 통화를 하는 사람들이 많았다. D는 20대 후반 남성이다. 그는 나의 대학 친구이다. 이 친구가 참 멋진 사람이라고 느꼈던 순간은 그의 오랜 여자친구와 통화하는 모습이었다. 친구들과 있으면 여자친구와의 통화보다 괜스레 주변의 시선에 더 신경이 쓰일 수도 있다. 그런데 내가 본 그는 한결같이 다정한 목소리로 사랑하는 상대에게 대화를 건네곤 했다. 그 모습을 자주 접한 주변 사람들은 그를 더욱 따뜻한 사람, 사랑에 솔직한 사람으로 여겼다. 간혹 '징그럽다'라며 째려보는 친구들의 장난스러운 놀림에도 아랑곳하지 않는 당당함이 있었디.

애정에 한 점 부끄러움이 없는 사람들은 티 내지 않아도 사랑이 묻어난다. 그들의 태도에 깊은 생각을 하게 되는 밤이었다. 나는 얼마나 사랑에 솔직한 사람이었는지를 떠올려 보면, 그렇지 않음에 더 가깝다. 제대로 표현하지 못한 마음과 어설프게 도출된 마음들이 기억에 남는다. 어쩌면 아직 스스로 인정할 법한 사랑을 하지 못했는지도 모르겠다. 그런 사람들이 얼마나 될까, 싶다가도 사랑하는 상대에게 만큼은 솔직해지려고 노력하고 조심스러움을 유지하는 그 마음이 오랜 존중을 만들어 낸다고 결론지었다.

누군가를 자랑하고 싶고, 그 사람을 떠올렸을 때 잔잔한 행복이 스며든다면 그건 사랑이 맞다. 가장 사랑하는 사람에게 많은 존중을 보내는 것이 당연하다. 하지만 우리는 종종 가족을 비롯해 사랑하는 사람에게 이해나 충족만을 바라곤 한다. 익숙함에 속아 소중함을 잃지 말자는 이야기가 괜히 나왔을 리가 없지 않을까. 익숙한 것은 대개 내가 가장 좋아하고 사랑하는 것들이다. 가까울수록 조심스럽고 부지런하게 존중해야 한다.

첫인상이 좋은 사람일수록
마음을 누릅니다

나이가 어릴수록 인간관계에 있어 재는 것이 없다. 어린아이들은 호감 가는 사람에게 손에 들린 것을 선뜻 내어주기도 하고 낯선 이에게 두 팔 벌려 품을 허락하기도 한다. 이 사람이 좋은 사람인지 가늠할 새도 없이 말이다. 청소년기에는 비교적 다양한 또래들을 만나게 된다. 자신만의 비밀이 생기고, 그것을 선뜻 꺼내어 보일 수 있는 깊은 사이의 친구가 생긴다. 친한 사람과 비교적 덜 친한 사람이 생겨나면서 본격적인 '인간관계'가 형성된다.

청소년기에 아이들 사이에서 싸움이 잦은 이유는, 인간관계를 조율하는 능력이 어리숙하기 때문이다. 마음을 내어주며 이야기한 속마음이 약점이 되고 옮겨지는 이야기들은 왜곡되곤 한다. 내가 처음 마음을 열었던 상대방이 진실한 모습이 아니었음을 깨닫게 되고, 결국 상처받는 결론에 다다른다. 학교생활에서 무리에서 떨어져 나가는 것만큼 두려운 일이 없다. 때문에 불편하고 상처가 되는 마음들을 애써 숨겨가며 가면을 쓰는 경우도 있다.

진실한 마음으로 이어지는 친구를 만난다면 엄청난 행운이다. 상대방이 나의 운명처럼 느껴지는 순간도 있다. 하지만 관계에 취해 너무 가까워지는 순간 서로를 구속하여 독이 되는 관계로 변질되기도 한다. 이런 일, 저런 일들을 겪으며 어느새 어른이 되었을 때, 적절한 순간 깨닫게 된다. 사람과 사람 사이에는 적당한 거리가 필요하다는 것을.

어리숙한 이십 대 초반을 떠올려 보자면, 사회생활을 시작하고 나이대가 다양한 사람들을 만나게 되었다. 나이가 많은 사람들은 많은 대로 직위가 높은 사람들은 높은 대로 낯설고 어려웠다. 그들이 나와 가까운 사이가 되고 싶어 했을 때 무심히 가까워지곤 했다. 그 당시에는 나도 그들이 썩 불편한 것은 아니었으니 그저 자연스러운 일이라고 여겼다. 관계마다 유지되는 거리의 선택권이 나에게 없었다는 것을 꽤 시간이 지난 후에야 알게 되었다.

반대로 그 사람의 첫인상에 푹 빠져 온 마음을 다 주려고 했던 적도 많았다. 하지만 첫인상이 전부인 경우는 흔치 않다. 첫인상과 실제 모습이 다르다는 것을 깨달았을 때는 이미 나의 많은 것들을 공개한 이후이거나, 상대방의 마음은 나와 같지 않았다는 사실을 깨닫게 되었을 때 괜한 공허함을 얻게 되기도 한다.

현명한 사람들은 관계의 거리감을 조정할 줄 안다. 상대의 거리나 속도에 굳이 맞출 필요도 없다. 나는 첫인상이 좋은 사람일수록 천천히 유념한다. 이 사람과의 관계가 오래 진전될 수 있도록 적당한 마음의 거리를 두는 방법을 택한다. 부푼 마음을 지그시 누르는 힘을 이제는 가지고 있다. 처음부터 전부를 공유하지 않으며 가깝지만 편안함을 지킬 수 있는 거리를 만든다.

마음이 통하는 사람은, 언제라도 이어지기 마련이다. 연인 관계에만 해당하는 말이 아니다. 좋은 사람이라 생각될수록 서두르지 않고 뭉근한 태도로 임해야 한다.

웃긴 이야기
안 웃고 이야기하는 방법

사람이라면 누구에게나 개그 욕심이 있다. 그 욕심이란 게 크든 작든 누군가 나로 인해 깔깔대며 웃는 모습을 보는 건 굉장히 행복한 일을 넘어 짜릿하기까지 하다. 하지만 매번 웃기는 데 성공하는 건 아니다. 어쩌다 그 이야기들의 주고받는 분위기와 서사 그리고 상대방이 예상치 못한 순간에 받아치는 대사가 정확히 맞아들어야 한다. 이런 일은 내가 원한다고 늘 되는 것은 아니기 때문에, 그런 주변의 분위기 없이도 웃기는 게 가능한 방법이 있다. 바로 '웃긴 이야기'다.

깔깔 유머집에 나오는 시시한 아재 개그들보다는 실생활에서 일어난 생활밀착형 웃긴 이야기가 효과는 가장 좋다. 문제는, 본격적인 웃음 포인트가 터지기 위해 필요한 배경 상황을 설명하는 데에서부터 웃음이 새어 나오는 것이다. 이미 결과를 알고 있는 나는 씰룩거리는 입꼬리를 애써 끌어내리며 이야기를 이어가려 하지만 결국 '푸하학!' 하며 눈썹을 일그러뜨리며 웃어버린다. 아직 제대로 된 이야기를 듣지도 못한 사람들은 '뭐야?'라는 표정으로 그저 황당한 표정을 짓고 만다. 마치 그들의 웃음의 몫을 내가 대신 채워 버린 듯한 상황이다.

웃긴 이야기는 안 웃고 이야기해야 맛깔나다. 웃음 포인트인 순간에 그 상황을 실감 나게 표현해 주면 완벽하다. 개그맨들이 가장 잘하는 게 바로 이것이다. 사람들이 아무리 그들의 이야기와 행동에 배꼽을 잡고 뒹굴어도 뻔뻔한 표정을 귀신같이 유지한다. 그 모습에 한 번 더 관중은 쓰러지고 만다. 나도 웃지 않고 웃긴 이야기를 하고 싶었지만, 정말이지 매번 실패했다. 어떻게 웃긴 이야기를 안 웃고 이야기할 수 있을까?

그 뒤에는 그들의 철저한 고민과 반복된 연습이 있었기 때문이다. 한 발짝 동선과 말의 호흡까지 완벽하게 계산된 결과다. 그들에게 웃음이란 사명이다. 단지 우스꽝스러운 말이나 행동을 하는 것이 아니라, 감정의 포인트를 살리는 스토리에 사람들의 웃음이 들어갈 수 있는 공간을 남겨주는 일이다.

슬픈 이야기를 슬프지 않게 전해야 하는 사람들도 마찬가지이다. 앵커나 시사 프로그램 진행자들이 매번 눈물을 훔치고 엉엉 울며 이야기한다면 완벽한 전달자로서 소임을 다하기는 어려울 것이다.

감정을 전달하는 데 있어 중요한 것은 전달받는 사람들의 몫을 남겨놓는 것이다. 개그맨이나 앵커에게만 해당하는 이야기는 아니다.

어떠한 메시지를 전달하는 창작가라면 감정의 공백을 만들기 위해 자신의 과도한 감정을 체에 거르는 수많은 연습의 시간이 필요하다. 일반인 역시, 웃긴 이야기를 안 웃고 이야기하려면 여러 번 반복하면 된다. 하지만 대개는 본인이 재미를 느낄 때만 웃긴 이야기라고 여겨지기 때문에 흥미를 잃을 때쯤이면 머릿속에서 사

라진 후일 것이다. 나는 여전히 웃긴 이야기에 재능이
있는 사람들이 좋고, 그들이 부럽게 느껴진다.

친절함은
늘 익숙함을 이겨야 한다

미혼인 나는 종종 결혼생활에 대해 상상한다. 여기서 초점은 '결혼' 그 자체보다 '생활'에 있다. 결혼한 지 얼마 안 되었을 젊은 시절보다 20~30년이 지난 시점의 나닐이 궁금하다. 사랑하는 사람과 나누는 진짜 대화는 어쩌면 그때가 아닐까? 사랑의 정의가 필요하겠으나 나이가 들어서도 절대 잃고 싶지 않은 것 중 하나는 가장 소중한 사람과의 대화이다. 대화는 사람의 결과 정체를 만든다.

비혼주의자가 아닌 나로서는 대체로 행복한 결혼생활을 유지하는 것에 대한 적당한 로망과 원대한 책임감을 갖고 있다. 하지만 두 커플 중 한 커플이 이혼한다는 입소문이 들려올 정도로 서로의 관계를 유지하는 것에 대한 노력 혹은 기대감이 줄어든 것이 현실이다. 이제 는 이혼이 더 이상 흠이라고 여겨지지 않고, 충분히 이 해 가능한 영역으로 받아들여지고 있다. 30년 차가 다 되어가는 우리 부모님의 결혼생활을 가장 가까이서 본 소감으로 전혀 다른 두 사람이 만나서 몇십 년에 걸쳐 하나의 세상을 온전히 유지하는 일은 결코 만만한 일이 아니다.

흔히 '중년부부'라 함은 애정보다는 정으로, 관심보 다는 책임으로 서로를 대하는 장면이 떠오른다. 인간관 계란 어떤 사이든 시간의 축적에 따라 처음의 탐구심과 낯선 감정은 사라지고, 자연스러운 에너지로 대체되는 것이 당연하다. 그러나 익숙함은 때때로 서로에게 권태 라는 이름으로 소리 없는 무기가 되기도 한다. 반대로 말하면 관계의 온기를 오래도록 유지하는 사람들은 부 지런하게 상대를 배려한다. 다정함은 일종의 노력이자 능력이기 때문이다.

얼마 전, 영어 회화를 제대로 공부하고 싶다는 의지

가 생겨 영어 회화 학원을 등록했다. 이곳이 마음에 들었던 이유는 딱 하나였다. 딱딱한 학원 강의실에서 언어를 주입하는 것이 아닌, 카페같은 오픈된 공간에서 테이블별로 앉아서 대화하며 영어를 익히는 과정이었기 때문이다. 교재의 정답보다 사람들의 이야기를 들을 수 있다는 점이 기대되었다. 비교적 여유로운 평일 오전 시간으로 수업을 등록했다. 수업 첫째 날이었다. 빈 자리에 앉았다. 20분 일찍 도착한 터라 아무도 도착하지 않았고, 낯선 공간의 분위기에 적응하려고 눈동자를 이리저리 움직이고 있었다.

그때 은빛 머리카락의 할머님이 다가왔다. 같은 반 학생이었다.

"안녕하세요."

가볍게 미소를 담은 인사를 나누고 옆자리에서 가방을 정리하던 할머님은 꺼내려던 필통을 내려놓았다. 다시 고개를 들어 미안한 표정으로 말씀하셨다.

"저, 미안한데 혹시 제가 이 자리에 앉아도 괜찮을까요? 왼쪽 귀가 안 들려서 이쪽에 앉아야 말을 잘 들을 수 있을 거 같아요. 미안해요."

"아니에요, 여기 앉으세요. 괜찮습니다."

이후 이야기를 나누면서 할머님의 연세는 74세이고, 노인을 위한 재미없는 패키지 여행이 아닌 자유 여행을 다니고 싶어서 영어를 배운다는 사실을 알게 되었다. 멋쟁이 할머니의 영어 이름은 '세실리아'였다.

다음은 60대 중년 부부가 우리의 테이블로 다가왔다. 그들의 영어 이름은 '줄리'와 '윌'이었다. 줄리는 입꼬리를 한껏 올려 웃으며 "아! 오늘 처음 오셨구나~. 웰컴 투 아월 클래스! 나이스 투 미츄~!"라며 명랑한 소녀처럼 인사를 건네셨다. 순간 '생큐'라고 해야 할지 '감사합니다'라고 해야 할지 헷갈렸지만, 처음 만난 어른에게 '생큐'는 왠지 버릇이 없는 것 같아 한국어를 택했다.

평일 오전의 수업은 대부분 연령대가 높았다. 나를 제외하고 가장 젊은 학생은 40대였다. 나이대가 다양한 분들과 비슷한 수준의 영어 대화를 할 수 있음에 흥미로웠다. 영어보다 더 다양한 것들을 배울 수 있을 거라는 예감이 들었다. 나는 이날 줄리와 윌 부부를 두어 시간 내내 반짝이는 눈으로 바라보았다. 60대 중반의 중년 부부가 이토록 서로를 칭찬하는 모습은 처음 봤기 때문이다.

이를테면 서로의 오른쪽에 있는 사람을 대상으로 영어 예문을 만들어 보는 시간이었다. 사용해야 하는 표현은 'could have been(~했을 수도 있었을 텐데)'였다. 윌은 줄리를 보고 활짝 웃으며 "I could have drinken coffee with julie in the morning(나는 아침에 줄리와 커피를 마실 수 있었을 텐데)"라고 말했다. 그는 진심으로 그 사실을 아쉬워하는 표정이었다. 다른 표현에서 줄리는 "He reminds me of 주윤발(그는 나에게 주윤발을 떠올리게 해)"라고 말하곤 서둘러 "When he was young! really!(젊었을 때! 정말이야!)"를 외치며 두 눈을 크게 뜨고 깔깔 웃었다. 이 밖에도 두 사람의 환한 인상과 서로에게 말하는 다정한 말투가 너무나 인상적이었다. 올해로 35년 차라는 중년 부부의 대화가 이렇게 부드러울 수 있음을 다시금 깨달았다.

이들의 대화는 사랑에 빠졌다기보다는 여전히 서로를 소중한 존재로 생각하기에 나오는 배려에 가까웠다.

두 사람이 영어 공부를 하는 이유는 세실리아와 같았다. 함께 자유 여행을 더 많이 다니고 싶어서 왔다고 말했다. 자식들을 모두 키워놓은 후, 둘만의 여행을 위해 매일 영어 학원을 함께 다니는 윌과 줄리의 일상은 성공한 삶이 아니면 무엇일까?

나는 이들을 보며 서로에게 여전히 친절한 결혼생활을 꿈꾸게 되었다. 나이가 들고 소중한 사람과 익숙해질수록 그에게 오히려 비일상적 친절을 베푸는 태도가 필요하다. 굳이 하지 않아도 문제가 없는 따스한 말을 골라서 건네고, 때로는 예기치 못한 감동을 주는 것. 그러한 귀찮음을 이겨내는 일들이 사랑을 유지하게 만든다. 아무렴 쉽지 않은 일이다. 그렇기에 귀하다. 오랜 관계일수록 친절함은 늘 익숙함을 이겨야 한다.

낯선 아이를 데려다주는 길

매년 겨울마다 역대급 추위를 기록한다. 어김없이 살을 에는 추위가 캄캄한 밤거리를 지배하고, 금방이라도 눈보라가 덮칠 것만 같은 어느 겨울 밤이었다. 저녁 8시가 지난 시간. 일을 마치고 버스정류장으로 향했다. 내가 타야 할 단 하나의 버스는 야속하게도 배차 간격이 길었다. 운이 나쁠 땐 20분을 기다려야 했다. 그날은 27분이었다. 세상에. 이렇게 극단적인 배차 간격은 어떻게든 피하는 게 옳다. 더군다나 이렇게 살이 떨릴 정도로 추운 날에는 상황 판단이 빨라야 한다. 건너편 버스정류장으로 가면 조금 더 걸어야 하지만 일찍 탈 수 있는 버스가 있다. 다른 정류장으로 향하려던 순간, 휑한 버스정류장에서 울먹이는 여자 아이의 소리가 발걸음을 붙잡았다.

"27분을 어떻게 기다려… 흑."

떨리는 목소리로 말하는 아이의 혼잣말은 혼잣말이 아니었다. 분명 나에게 요청하는 말인 듯 들렸다. 열 살이 채 안 되어 보였다. 눈이 마주친 아이에게 조심스레 물었다.

"춥겠다. 어디 가는 거야?"

아이는 자신이 할머니와 사는데 엄마 집에 가야 한다는 말을 반복했다. 어떤 사정인지는 알 수 없었지만 중요한 건 그게 아니었다. 아이의 집은, 정확히 아이 엄마의 집은 우리 집에서도 한참 더 가야 하는 거리였다. 게다가 환승도 해야 했다. 아이는 도착하는 정류장에서만 내리면 걸어가는 길을 알고 있다고 말했다. '40분이나 걸리는 거리를 이 시간에 열 살짜리 혼자 가도록 내버려 둔다고?' 갖은 의문이 들었지만 아이를 두고 나만 추위를 피할 순 없었다. 아이에게 할 말을 잠시 고르고 말을 건넸다.

"언니랑 가는 방향이 같은데 같이 갈래?"

무릎을 굽히고 휴대폰의 지도 앱을 보여주며 말을 이었다.

"여기서 건너편 정류장에 있는 버스를 타야 하는데, 이렇게 이렇게 가면 돼. 집까지는 아니어도 데려다줄 수 있는데, 괜찮아?"

어렸을 적, 아는 길 위에서 마주친 낯선 상황에 공포심을 느껴본 경험이 있다. 낯선 사람의 친절이 반가우면서도 두려울 거란 추측이 들었다. 경계심을 없애기 위해 과하게 친절한 모습은 절제하려 노력했다. 아이는 울먹임을 그치더니, 망설이지 않고 고개를 끄덕였다. 봉사활동이나 학원 강사 일을 하면서 아이들을 많이 접한 경험이 있지만 처음 만난 아이를 집에 데려다주는 건 꽤 어려운 일이었다.

경계심이 많은 낯선 아이를 오른편에 둔 채 속도를 맞춰 걸으며 생각했다. 데려다줄 수 있어 다행이라는 생각과 동시에 나는 나쁜 사람이 아니지만 혹시라도 위험한 사람이 접근했다면 어쩌려고 이렇게 덜컥 따라오는 걸까라는 두 가지 모순되는 마음이 겹쳐 들었다. '모르는 사람 따라가면 안 된다'라는 말은 지금 너무 안 어울리는 듯싶어 넣어 두었다.

밤길을 걷다 보니 이 아이에게 무슨 일이 있는 걸까 괜한 걱정도 들고, 생각을 하다 하다 이러다 내게 무슨 일이 생기는 건 아닐까라는 노파심에 이르게 되었다. 어쨌든 아이를 데리고 버스에 올랐다. 버스에는 자리가 많았다. 아이는 1인석에 앉았다. 나는 그 뒷자리에 앉아 아이의 뒷머리를 잠시 바라봤다. '이 아이가 어떤 생각을 하고 있을까, 혼자 다니다 길이라도 잃으면 어쩌려고 이러나'라는 생각을 하는 사이 몇 번 정도 흘끔 뒤를 돌아보곤 했다. 첫 번째 버스에서 함께 내리고, 환승을 위해 두 번째 버스를 탔다. 여전히 버스에는 자리가 많았다. 아이는 또박또박 걸어가 2인석에 앉았다. 나에게 옆자리를 내어주었다. 그 사실에 잠시 기뻤는지 오지랖이 터져 나왔다.

"다음에는 혼자 늦게 다니면 안 돼. 나도 혼자 다니면 아직도 무섭거든. 알겠지?"

그 말에 아이는 끄덕이며 낮에는 간 적이 있는데 밤에는 처음 오는 거라고 옹알옹알 답했다. 그렇게 버스는 달렸고 너무 멀리 갈 수 없어 아이가 내리기 전 정류장에서 내렸다. 내리기 전까지도 이제 벨을 누르고 내리라고 일러주었다. 멀어지는 창문으로 아이는 몸을 돌려 내가 사라질 때까지 작은 손을 천천히 흔들었다. 두 눈빛에 고마움을 전해 받았다.

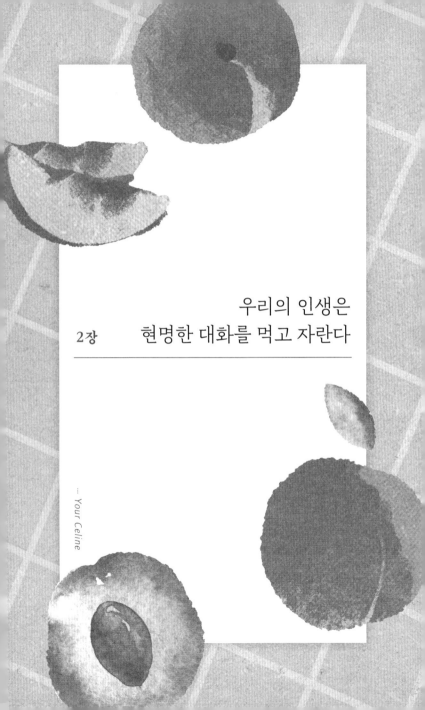

2장

우리의 인생은
현명한 대화를 먹고 자란다

∵ Your Celine

공존하는 대화법

대형병원 간호사로 일하는 채린은 주로 입원 치료를 하고 있는 고령의 환자들과 대화하는 경우가 많다. 노인 환자들의 생활 언어는 대체로 반말이었다. 그중에서도 무례한 말투나 내용을 동반한 환자들에게 피로감을 호소했다. 이를테면 "커튼 좀 닫아줘 봐." "어디 살아? 결혼은 했고?" "아가씨" "어이" 등 철저히 자신만의 기준과 필요에 따라 던지는 말이 대부분이었다. 그녀는 초 단위로 흘러가는 병원 업무량과 생명이 오고 가는 예민한 환경 속에서 전해야 할 말들만 로봇처럼 차갑게 답했다. "그런 거 물어보시는 건 개인정보라 곤

란합니다.” “그렇게 부르시면 안 되죠. 선생님이라고 불러주세요.”라고 말이다. 일부 노인에게 ‘아가씨’는 젊은 사람을 칭하는 친근한 호칭이라고 여겼을지 모르겠으나, 그 말을 듣는 젊은이의 언어로는 이해할 수 없는 무례함이었다.

며칠 뒤, 한 어르신이 머뭇거리며 다가왔다.

“간호사 선생님, 어제 한 말은 기분 나쁘게 하려는 의도는 아니었는데 실수한 것 같아요. 미안해요. 허허.”

그 순간 그녀는 입사 초반 자신의 모습이 떠올랐다. 병원에서 마주치는 간호사와 의사와의 대화는 왜 환자들에게 차가운 공간이 되는지 이해되지 않았던 그녀였다. 누구보다 이 분위기를 바꾸겠다고 다짐했는데 말이다. 어느새 자신조차 바쁜 업무 속을 뛰어다니다 불쾌한 말을 들었을 때 차갑게 말을 던지고 뒤돌아서는 간호사가 되어 버렸다는 죄책감이 들었다. ‘잠깐 몇 초인데, 조금 더 따뜻하게 말할걸. 나쁜 마음이 아니라 가까워지고 싶은 마음을 잘못 표현한 것이었는데’라고 생각하며 말이다. 살아온 시간과 환경에 따라 대화의 문법이 다르다. 세대가 다르거나, 살아온 지역과 나라가 다르다면 더더욱 부딪힐 확률이 높다. 그러니 서로의 공간을 배려하고 남겨주며 적절한 거리를 유지하는 노력이 있어야 좋은 대화가 만들어질 수 있다.

우리의 대화는 자연을 닮았다. 숲속을 걷다가 햇볕을 촘촘히 채우고 있는 나뭇잎 그늘을 올려다 본 적이 있다. 일부 수종들이 서로 엉겨 붙지 않고 적절한 조화를 이루며 숲을 이루고 있는 것이 아름다우면서도 신기했다. 마치 한 폭의 그림과도 같았다. 이를 수관기피 현상crown shyness 이라고 한다. 말 그대로 나무의 끝부분crown이 수줍어하며shyness 서로 닿지 않고 공존하는 것이다. 수관기피 현상의 정확한 원인은 아직 밝혀진 게 없으나, 두 가지 가설이 있다고 한다.

첫 번째 가설은 햇빛, 물, 거름 등 한정된 자원을 함께 공유하기 위해서 거리를 유지한다는 것이다. 빽빽한 숲속에서 서로의 거리를 유지하지 않으면 햇빛을 보지 못하는 식물은 시들기 때문이다. 사람과 사람의 대화도 마찬가지이다. 낯선 관계일 때에는 더더욱 서로의 공간을 배려하며 적당히 조심스러운 태도로 임해야 한다.

두 번째 가설은 나뭇가지 끝부분이 바람에 흔들리고

서로 마찰하며 마모되어서 자연적으로 가지치기가 된다는 것이다. 다르게 살아온 두 존재가 마주쳤을 때 마찰이 일어나는 것은 어쩌면 자연스러운 일이다. 그러던 중 서로의 안전지대를 과도하게 침범하면 "그런 말씀은 불편하네요"와 같이 분명한 의사를 표현해야 한다.

대화의 마찰을 무조건 피하는 것은 현명하지 않다. 서슴없이 날이 선 대화를 해야 한다는 말이 아니다. 공격이 아닌 나를 지키는 저항과 동시에 상대의 자리는 부드럽게 양보할 줄 아는 사람이 자신의 공간을 현명하게 지킬 수 있다. 공존하기 위해 필요한 태도를 자연은 이미 알고 있다.

인생에 찾아온 첫 손님처럼

　상대방에게 특별한 존재가 되는 가장 빠른 방법이 있다. 바로 내가 상대방을 특별하게 여기고 있다는 사실을 각인시키는 것이다. 마찬가지로 상대방이 나를 남다르게 생각하는 이유나 나로 인해 어떠한 영향을 받았음을 깨닫는 순간, 수많은 타인이 아닌 단 하나의 이야기로 기억된다.

　얼마 전 내가 결혼식 사회를 봤던 새신부 예림 언니는 처음 만나는 사람에게 나를 소개할 때 늘 같은 말을 한다. "제가 여자한테 처음 꽃을 받았는데 그게 수빈이었어요. 어떤 앤지 아시겠죠? 제가 정말 아끼고 좋아하는 동생이에요"라고 말이다. 아무 기념일은 아니었지만 그날따라 언니에게 화사한 노란 꽃을 선물하고 싶었다. 벌써 꽤 시간이 지난 일이다. 처음에는 그저 좋은 감정을 표현하는 것이라고 생각했다. 그러나 다른 사람에게 나를 소개할 때마다 어김없이 같은 표정이 되는 언니를 보며 그날이 특별한 기억이었음을 사뭇 알게 되었다. 사실 그저 좋은 기억으로 지나갈 수도 있는 사건이다. 그러나 이 일이 특별해진 이유는 "수빈아, 웃긴 얘기인데 나 여자한테 꽃 선물 처음 받아봐. 이거 진짜 감동이다"라며 말로 표현했기 때문이다.

누구에게나 처음은 강렬하고 예기치 못하며, 애틋하다. 아직 낯선 상대와의 거리를 좁히고 싶다면 '처음'이란 단어를 기억해야 한다. 상대방에게 처음으로 기억될 수 있는 어떠한 경험을 주는 것도 좋다. 그러나 가장 쉬운 방법은 '나에게 상대가 어떠한 이유로 처음 기억된 존재'임을 알려주는 것이다. 이 방법은 개인적인 관계뿐만 아니라 비즈니스에서도 효과적으로 적용될 수 있다.

실제로 서울 역삼동에서 유명한 카페를 운영하는 한 대표님은 비즈니스 강연에서 모두를 첫 손님처럼 대하는 마음을 강조했다. 이를테면 카페 문을 열자마자 들어온 손님에게 "오늘 첫 손님이시네요! 출근길에 드시라고 서비스로 쿠키 하나 더 드릴게요"라고 하거나, "어머나, 이번 신메뉴 첫 번째 주문 손님이에요. 제가 야심 차게 만든 건데 맛있는지 솔직하게 알려주세요"라고 말할 수도 있다. 무조건 첫 번째 사건이 필요한 것은 아니다. 첫 번째 감정이 될 수도 있다. 카페의 분위기가 좋다며, 지금 흘러나오는 노래의 이름을 물어본 손님이 있다면 "좋으셨다고 하니까 저도 기분이 좋네요. 저희 카페 음악 선정을 제가 하지 않아서 중요하게 생각하지 않았는데, 더 신경 써서 해야겠어요. 이런 부분을 알려주신 분은 손님이 처음이에요. 감사합니다"라고 이야기할 수도 있는 것이다.

그 순간 상대방은 자신이 누군가에게 '첫 번째 사람'이 되었다는 사실만으로도 연결됨을 느낀다. 존재의 가치를 부여한 것과 마찬가지이기 때문이다. 그리고 머지않아 그 가게의 단골이 될 수밖에 없을 것이다. 나를 알아주는 사람에게 더 이끌리는 것은 당연하다. 누군가와 특별한 인연이 되고 싶다면 그 사람을 인생에 찾아온 첫 손님이라고 생각해보자.

부탁해 줘서 고마워

　'부탁'이라는 단어를 들었을 때 어떤 감정이 드는지 궁금하다. 어딘가 불편하거나 어색하게 느껴진다면 일상에서 부탁과는 거리가 먼 사람일 것이다. 내가 그런 사람이었다. 부탁하지 않는 사람이었다. 정확히는 부탁하지 못하는 사람이었다. 냉정하게 느껴질 수도 있지만 부탁이라는 행위란, 정당한 대가를 지불하지 않으면서 시간을 빼앗는 듯 느껴지기도 했다. 그만큼 나에겐 어려운 일이었다. 물론 부탁하는 행위는 모든 주위 사람에게 이뤄지는 것은 아니다. 쌓아온 관계의 무게만큼 부탁의 크기를 결정하게 되는 경우가 많다. 다만, 아주

가까운 사람일지라도 부탁을 쉽게 하는 것은 아니었다. 말을 전달하는 과정은 동일하기 때문이다. 왠지 부탁의 동의어가 '미안함'인 듯했다. 이렇게 생각하니 미안함이란 감정을 느끼고 싶지 않아서 부탁하지 않았던 것 같다. 혹은 누군가에게 거절당하는 것에 대한 두려움일지도 모르겠다.

언젠가부터 남에게 부탁이나 신세를 지지 않고, 나 스스로 모든 것을 해내는 것이 문제를 똑똑하게 해결하는 방법이 아님을 깨달았다. 오히려 미련한 일이었다. 그 어떤 일도 혼자 해낼 수 있는 것은 없다는 사실을 이제야 안 것이다. 설령 카페에서 책을 읽는다고 해도, 카페를 만든 사장님의 노고와 책을 만든 사람들의 소리 없는 고민이 있었기에 가능한 일이다. 생각의 전환을 실천하기 위해 새해 목표 중 하나를 '똑똑하게 부탁하기'로 정했다. 마침 혼자 하기에는 무리가 되는 일을 맡게 되었고, 함께 협업을 요청할 분이 떠올랐다. 그에게 건넬 첫 마디를 고르고 전화를 걸었다. 내 이야기를 듣고는 흔쾌히 함께하겠다고 말했다. 자신에게 연락을 주어 고맙다는 말과 함께 말이다.

프로젝트 미팅 중, 나는 그에게 감사 인사를 전했다.

"사실 그동안 한 번도 누군가에게 부탁한 적이 없었어요."

그는 눈을 동그랗게 뜨며 뜻밖의 답변을 했다.

"정말 힘드셨겠네요."

그는 기대지 않는 고집이 얼마나 무모한 일인지 알고 있는 듯했다. 부탁이라는 민폐를 끼치지 않으면서 혼자 모든 일을 해낸다는 것이 결코 자랑할 만한 일이 아니라는 사실도 함께 말이다. 부탁은 민폐가 아니며 거절은 사람에 대한 부정이 아니다.

뭐든 처음이 어려운 것이지, 두 번은 어렵지 않다. 세 번부터는 쉬워진다. 이 일이 있고 얼마 지나지 않아, 한 분야에 내공이 있는 선배에게 다소 어려운 도움을 요청했다. 그녀는 나의 서투른 부탁이 끝나자마자 긴 고민 없이 "그래! 너무 좋지!"라고 답했다. 생각지 못한 대답에 "정말요?"라고 말했다. 그리곤 우아하게 빛나는 미소를 지으며 말했다.

"수빈아, 나는 네가 이렇게 부탁하면 정말 기분 좋아. 알잖아. 나는 어렸을 때 도움을 청할 선배가 많이 없어서, 내가 선배가 되면 꼭 후배들한테 도움을 많이 줘야겠다고 늘 생각했었어. 내가 도울 수 있다는 게 기쁜 일이니까, 언제든 말해. 알겠지?"

누군가의 부탁을 받는 것에 대한 입장은 생각해 보지 못했다. 생각해 보니 나 또한 누군가의 부탁을 들었을 때 불편하기보다는 고마운 감정이 들었던 적이 많았다. 설령 피치 못할 사정으로 거절하더라도 말이다. 내가 누군가에게 필요한 사람이라는 사실만으로도 기쁜 일이었다. 부감되지 않는 선에서 도움을 준다는 것은 귀찮은 일이 아닌 즐거운 일이었다. 그 감정의 선순환을 '미안함'으로 착각하고 있었던 것 같다.

실제로 사람은 도움을 받는 순간보다 주는 순간에 더 큰 행복을 느낀다고 한다. 일상에서 좋은 부탁을 주고받는 것은 '특별한 일'보다는 함께 잘 살아가기 위해 필요한 '자연스러운 일'에 가깝다. 혹여 자연스러움이 당연함으로 퇴색되지 않기 위해 좋은 부탁을 받았을 때는 잊지 않고 "내게 부탁해 줘서 고맙다"라는 말을 덧붙이고 있다.

불안을 다스리는 언덕

　이 순간, 번뇌하지 않는 삶을 애타게 꿈꾸는 사람들이 있다. 생각에 의한 생각이 뇌를 파고들고 더 나아가서 온몸의 기운이란 기운을 모두 가져갔을 때처럼. 그 애처로운 순산들이 극심한 불안을 낳는다. 불안을 마주한 사람이 가장 먼저 하는 행동은 '이유를 찾는 것'이다. '왜 불안하지? 남들은 잘만 사는 것 같은데…. 왜 나만 이렇지?'라는 원망 섞인 원인을 갈망한다. 나를 제외한 모든 이들이 평화롭게 느껴진다면, 지금 가장 먼저 해야 할 행동은 원인을 취조하는 것이 아닌 '나를 두 걸음 떨어져서 바라보는 것'이다.

지금 당신의 모습은 어떠한가?

불안을 가진 사람들의 소망은 거대한 게 아니다. 단지, 그냥 단지 평온함이 간절할 뿐이다. 이때만큼은 나를 안쓰러이 여겨도 괜찮다. 다정한 손으로 명치를 토닥이며 괜찮다고 말해준 적이 있는가. 어쩌면 불안을 안고 사는 사람들은 혼자 모든 짐을 감당하려 했을 가능성이 높다. 요즘 세대를 살펴보자면 소셜미디어의 발달로 과도한 정보들을 가깝게 알게 됨과 동시에 사람과 사람 사이의 실질적 관계에 대한 두려움 또한 커진 듯 느껴진다. 힘든 일이 있을 때, 이타심이 높은 사람들은 나의 안쓰러움을 타인의 걱정으로 만들고 싶지 않아서 숨기는 경우도 많다. 너무 사랑해서 오히려 괜찮은 척 연기를 하는 바보 같은 짓을 행하는 것이다. 특히 부모님과 연인, 부부 사이에 자주 일어나는 일이다.

그 바보 같은 짓을 자주 하는 한 사람으로서, 불규칙한 불안에 대한 힌트를 얻고 싶은 마음에 TCI 기질 검사를 신청했다. 기질과 성격은 다르다고 한다. 기질은 태어날 때부터 타고나는 것이다. 마치 외모처럼 말이다.

성격은 기질을 가지고 사회생활을 하면서 자연스럽게 만들어지는 것을 말한다. 상담 선생님의 해석에 따라 기질만 놓고 보면 나는 아주 피곤한 인간이었다. 자극 추구에 대한 영역이 9점, 위험 회피에 대한 영역이 8점이었다. 이게 무슨 말이냐 하면, 새로운 모험을 계획하고 실행하는 힘이 극적으로 강하면서도 안정적이고 싶은 욕구가 그에 못지않게 강하다는 것이었다. 상담 선생님은 말했다.

"자극 추구는 자동차로 비하자면 엑셀이에요. 앞으로 나아가는 힘. 이게 아주 높은 기질이네요. 반대로 위험회피는 브레이크죠. 멈추고 싶어 하는 거예요. 자동차 운전할 때, 액셀이랑 브레이크를 같이 밟으면 어떻게 될까요?"

나는 잠시 고민하고 입을 열었다.

"고장 날 것 같아요."

"그쵸. 그래서 이런 기질은 쉽게 피곤해져요. 일을 하면서 남들보다 자주 쉬어 주어야 해요."

여기에 이타심이 높은 성격까지 더해지니 그간의 행동들이 하나씩 이해되기 시작했다.

이런 기질을 알고 난 후 알 수 없는 불안으로 불규칙

하게 고통받는 일이 현격히 줄었다.

일에 대한 열정이 높은 사람은 스스로를 높이 평가하는 사람이다. 그만큼 잘 해내고 싶은 마음이 큰 것이다. 아이러니하게도 불안은 여기에서 시작된다.

나는 선생님에게 물었다.

"어떻게 하면 불규칙한 불안감을 잘 다스릴 수 있을까요?"

사실 답을 알 것 같았다. 주기적 명상과 건강한 수면 패턴, 일을 줄이라는 것이 아닐까라고 생각하던 차에 선생님은 이렇게 말했다.

"마음 비빌 언덕을 많이 만드세요."

그 순간 마음 비빌 언덕이라는 말이 왜 서글펐는지 모른다. 나는 사랑하는 사람들에게 좋은 말만 하고 싶었던 건 아니었는지 생각에 잠기던 찰나 선생님은 말을 이어갔다.

"주변에 나를 아껴주는 사람들한테 힘든 일이 있으면 털어놓고, 고민도 나눠 보세요. 그건 짐을 떠넘기는 게 아니라 마음을 나누는 거예요. 너무 혼자 모든 걸 다 감당하려고도 하지 마시고요. 기대어도 괜찮습니다. 미안해서 혹은 말하는 것도 힘들어서 혼자 다 책임지려는 분들이 있는데, 말 안 하면 아무도 몰라줘요. 마음 기댈 곳을 여러 군데 만들어 놓을수록 불안이 줄어들 거예요.”

식물을 키우면
알게 되는 것들

이파리가 커진 것 같다. 손가락 힘이 세서 떨어질까 최대한 힘을 빼고 이파리의 보드라운 털들을 만져본다. 화분에 쓰여 있는 삐뚤한 영어 글자가 분명 앞에 있었던 것 같은데. 어느새 반대편으로 고개를 돌린 풀들이 눈에 들어온다. 화분을 돌려준다. 왠지 이파리 끝부분이 쭈글해진 건 내 탓인가. 물은 빠짐없이 주었는데. 일주일에 한 번만 물을 먹어도 정말 괜찮은 걸까? 아침에 잠이 덜 깬 채로 물끄러미 바라보며 이런 생각을 한다.

우리 집에는 창가를 지키고 있는 두 식물이 있다. 셀

레움과 고려담쟁이다. 이름도 지어줬다. '레미'와 '다미'다. 본래 이름에서 따온 것인데, 셀레움을 식물 가게에서는 '셀렘'으로 부른다길래 '셀렘이'라고 되뇌다 '레미'가 되었다. 고려담쟁이를 요즘 사람들처럼 줄여 말하니 고담이가 되었는데, 왠지 섬뜩한 고담 시티가 떠올라서 '고'는 떼고 '다미'만 남겼다. 그렇게 나는 레미, 다미와 동거하게 되었다.

처음에는 식물을 키울 생각을 하지 못했다. 그냥 안 했다. 내 몸 하나 건강히 챙기는 것도 버거워서인지 나 이외에 또 다른 생명체를 데려온다는 것이 욕심처럼 느껴져서인지는 모르겠다. 새로 이사 온 집은 나의 취향을 조금 더 담았다. 우드 톤 가구들을 몇 개 넣고, 일과 휴식의 성돈된 공간 분리를 마쳤다. 그럼에도 어딘가 채워지지 않는 기분이었다. 아, 이건 어디에서 오는 공허함인가. 가구나 물건을 더 놓고 싶지는 않았다. 꽉 채워진 것보다는 비워진 것을 좋아하는데 그런 기준에서 이미 우리 집은 가득 찬 상태였다.

한동안 그 원인을 찾지 못해 아침마다 알 수 없는 기분에 휩싸였다. 뭐가 부족한지 알 수 없는 오묘한 불쾌감이었다. 그러다 깨달았다. 생명, 생명이었다. 우리 집에는 나 이외에 숨 쉬는 것이 없었다.

아빠는 내가 아주 어릴 적부터 집에서 식물을 키웠다. 아주 많이 키웠다. 좁은 주택에서도, 빌라에서도, 낡은 아파트에서도 꼭 식물만을 위한 루틴을 지켰다. 먼발치에서도 아파트의 수많은 창문 중에 우리 집은 바로 찾을 수 있었다. 베란다에 촘촘히 매달려 있는 식물들이 아빠의 사랑을 먹고 아름드리 자라 있었다. 나를 포함하여 식물에 큰 사랑이 없는 나머지 식구들의 '이제 화분 좀 그만 늘려라'는 핀잔에도 20년간 굴하지 않았다. 부엌에서 물을 받아서 베란다까지 가는 걸음 길마다 물이 뚝뚝 흘렀다. 화분의 흙을 한 번씩 갈아줄 때는 발바닥에 배양토 가루가 밟혔다. 그럴 때마다 한마디씩 핀잔 섞인 말을 던졌다.

그때는 식물이 아닌 아빠만 보였나 보다. 이제는 아빠의 식물들이 사랑으로 보인다. 그렇게 투정하던 내가 식물에게 내가 마시는 것보다 더 정성스레 물을 먹인다. 물을 줄 때마다 아빠가 생각난다. 이제야 조금 알 것 같다. 아빠는 아무리 당신의 삶이 힘들어도 식물을 돌보는 마음을 남겨두는 성실과 여유를 가진 사람이었다는 것을.

집에 살아 있는 생명체가 있다는 것은 곧 위로다. 레미와 다미가 우리 집에 온 후, 함께 살아 있다는 감각이 비로소 채워졌다. 이 친구들을 귀여워하게 된 계기가 하나 있다. 집에 데려오는 날 식물 가게 사장님은 말씀하셨다.

"식물들이 원래는 밖에서 살잖아요. 그래서 환기도 자주 해주시면 좋아요. 너무 비가 많이 오거나 추운 날에 환기가 어려우시면 선풍기 바람을 틀어줘도 괜찮습니다. 진짜 바람으로 착각해서 야외인 줄 알거든요."

선풍기를 진짜 바람인 줄 안다는 게 귀여우면서도 설득되는 말이었다.

이 작은 두 식물 덕분에 나는 매일 창문을 열고, 일주일에 한 번 물을 주며 대화를 건다. 식물을 핑계 삼아 나도 숨을 쉰다. 물을 줄 때는 조심스럽게 화분을 싱크대로 옮긴다. 받침대를 한쪽에 내려놓고 흙이 망가질까봐 물을 조심스럽게 틀면서 손가락으로 모든 표면에 물이 닿을 수 있도록 퍼트려 준다. 흙이 촉촉해지는 게 느껴진다. 화분 아래쪽으로 스며든 흙빛물이 천천히 빠져나온다. 그걸 바라보며 '많이 먹어야 해~', '잘 크고 있네!'와 같은 혼잣말을 내뱉는다. 이때만큼은 마치 아이를 다루는 기분이다. 그러다 문득, 이 말들이 나에게 하는 이야기처럼 느껴졌다. 그래서 식물을 오랫동안 잘 키우는 사람들은 마음이 든든한가 보다. 식물에 대한 예찬을 주변에 종종 하다가, 누군가 이런 말을 했다.

"식물은 사람 키우는 거랑 비슷한 것 같아요. 같이 있으면 행복하고, 잘 돌봐 줘야 하는데 또 너무 관심을 주면 안 되거든요."

나는 답했다.

"정말 그러네요. 식물이 예뻐 보이기 시작했어요."

삶을 직조하는 마음으로

2021년 여름. 어질러진 블록 속 잃어버린 나를 찾겠다며 갑작스럽게 제주 여행을 떠났다. 오랜 시간 준비한 꿈을 진정으로 내려놓아도 될 타이밍인지. 그렇다면 지금 해야 할 일들은 무엇인지. 밥벌이는 어떻게 할 것인지. 항로를 잃어버린 조종사의 마음이었다. 그렇게 6일간 두 다리로 제주를 걸었고 그로부터 2년 후 다시 제주를 찾았다. 많은 것들이 달라져 있었다. 물론 제주는 변함이 없었다.

2021년도에 묵었던 게스트하우스에는 원데이클래

스 프로그램이 있었다. 나는 마크라메 만들기를 신청했다. 바다 앞 들리는 소리는 파도 소리뿐인 아늑한 공간에 긴 머리를 곱게 땋은 게스트하우스 사장님과 나 둘뿐이었다. 나는 애착에 대한 감이 있다. 이날 그런 감이 왔다. 이것이 나의 오랜 물건이 될 것이라는 걸. 그래서 더 정성을 들여 만들고 싶었다. 균형을 맞추어 예쁜 격자를 만들고 싶어 힘을 가득 주어 매듭을 지었다. 얼마나 힘을 주었는지 다 마치고 나니 양쪽 집게손가락에 물집이 잡혀 있었다. 결과물은 물집이 아쉽지 않을 만큼 마음에 들었다. 철썩이는 파도 소리 앞에 눈물의, 아니 물집의 마크라메를 다듬는 나를 보며 사장님은 느릿한 어조로 말했다.

"이걸 볼 때마다 이 순간이 생각날 거예요."

여전히 우리 집 현관에는 이 마크라메가 걸려 있고, 사장님의 예언대로 나는 이걸 볼 때마다 그날을 떠올린다. 정확히는 마크라메를 만드는 순간이 아니라 삶의 혼돈을 정리하겠다며 제주로 떠난 그 용기를 기억한다.

그리고 2023년 가을. 다시 제주를 찾았다. 체감보다 오랜 시간이 흐른 뒤였다. 가능만 하다면 과거의 나에게 텔레파시를 보내고 싶었다. 그때 처절하게 했던 고민이 지금의 나를 만들었노라고. 그러니 너무 많이 힘들어하지 말고 지금 맞다고 생각하는 일을 하라고. 그렇다고 지금 무언가 된 것 같은 기분은 아니다. 다만 알고 있다. 지금의 내가 하고 있는 더 자잘하고 복잡한 고민이 결국 내일의 더 나은 삶을 만든다는 것을. 그때는 몰랐다. 아무것도 바뀌지 않을 것 같았기 때문이다.

이번 제주의 4일은 그때의 나에게 고마움을 전하고 싶었다. 얼마나 많은 고민과 용기가 필요했는지 내가 가장 잘 알고 있기 때문이다. 그 마음에 비행기에서 내리자마자 가장 먼저 찾아간 곳은 한 카페였다. 2년 전 마크라메를 만들었던 게스트하우스에서 걸어서 5분 거리에 있던 아기자기한 카페였다. 얼마나 아기자기하냐면, 카페 이름이 '토끼네 집으로 놀러 오세요'다.

당시 사장님과 나 둘뿐이었고, 카페에서 있던 서너 시간 중 두 시간은 글을 쓰고 한 시간은 사장님과 대화를 나눴다. 구체적으로 사장님과 어떤 이야기를 나눴는지는 완벽하게 기억이 나지는 않는다. 그 당시 카페를 오픈한 지 얼마 안 되었던 사장님이 새로운 메뉴를 한 번 먹어보라며 몇 가지 음료를 내어주셨고, 맛있는 아인슈페너에 대해 얕은 조예를 나눴던 것만 어렴풋이 기억난다. 내 이야기도 조금 한 것 같다. 혼자 떠난 여행에서 앞으로를 응원하는 지원군을 만난 기분이었다. 다음날 나는 서툰 실력으로 카페를 그린 그림을 선물로 드리고 떠났다. 그 이후 지금까지도 사장님은 인스타그램의 댓글로 '늘 수빈 씨의 멋진 모습을 응원하고 있다'라며 온전한 마음을 보내주셨다. 나에게 유독 특별했던 제주의 6일을 함께 기억하는 유일하고 소중한 인연이었다.

비행기에서 사장님께 드릴 나의 첫 책에 짧은 편지를 적었다. 설레는 마음으로 카페 문을 열었다. 사장님은 '어서 오세'에 이어 '요'를 말하는 대신 '어!'라고 말하며 환하게 웃으셨다. 제주에 온다는 이야기는 SNS로 봤는데, 여기까지 찾아온 거냐며 늘 잘 보고 있다는 사장님의 말에, 여전히 카페에 계셔주셔서 감사하다고 전했다. 진심이었다.

"카페는 정말 그대로네요⋯. 어쩜 이렇게 깨끗하게 유지하셨어요? 아직도 새 카페 같아요."

2년 전에 생각했다. 다음에 제주에 올 때, 카페가 사

라지지 않았으면 좋겠다고…. 제주에 카페를 운영하는
게 얼마나 치열한 일인지 알고 있기 때문이다.

카페는 그날의 분위기 그대로였다. 사장님께 나의
첫 책을 선물로 드리는 순간, 카운터 위에 내 책이 보였
다. 카페에서 매일 조금씩 책을 조금씩 읽고 있었다고
하셨다. 감사하고, 놀란 마음에 함께 웃었다. 나는 아직
도 낯선 위치에 있는 내 책을 보면 이상한 기분이 든다.
사장님은 말했다.

"저는 수빈 씨가 계속 아나운서 할 줄 알았어요. 그
런데 또 다른 방향으로 더 잘되어서 너무 좋아요. 앞으
로 더 더 잘되실 거예요."

"너무 감사해요. 저 그때 사실 엄청 고민이 많아서
제주도 온 거였어요. 그래서 더 기억에 남더라고요."

"그러셨구나. 그때 정답은 찾으셨어요?"

"정답이라기보다는 마음을 먹은 것 같아요. 그런데
그때 여기에서 쓴 글이 이 책에 들어 있네요."

카페의 카운터 벽에는 2년 전 드렸던 그림이 붙어
있었다. 종이는 세월의 흐름을 타고 적당히 노란 빛으

로 바래져 있었다. 사장님은 음료와 간식을 챙겨주시며, 앞으로도 늘 응원한다는 진심을 전했다. 시간이 무색할 만큼 자연은 그대로였지만 많은 것이 변한 것도 사실이었다.

오늘의 나를 만드는 것은 어제까지 고민의 총화다. 어쩌면 여전히 용기가 필요해서 이곳을 찾았는지도 모르겠다. 그때의 나에게 보답하고 싶다는 명목이었지만, 실은 그때의 나에게 용기를 얻고 싶었나 보다. 그날의 마크라메처럼 매일을 기대하는 마음으로 촘촘하게 직조하고 있다. 그 완성품이 어떤 모습일지는 누구도 알 수 없다. 그러나 분명한 것은 사장님의 말처럼 그 완성품들을 볼 때마다 과정의 순간들을 추억하며 다음의 작품들을 완성해 갈 용기를 얻을 것이다.

마크라메는 모든 부분을 빈틈없이 채우면 예쁘지 않다. 때로는 물집이 잡힐 정도로 단단하게, 때로는 실이 움직일 만큼 넉넉하게 비워두어야 균형을 갖춘 디자인이 완성된다. 그 틈 사이로 좋은 기운이 들어오기 때문에 문 앞에 걸어놓으라는 이야기도 있다. 우리의 삶도 마찬가지다. 비움이 있어야 채움이 있다. 그 조화로움이 만드는 적당한 틈 사이로 신선한 바람이 통한다. 삶이 복잡하고 괴로울수록 멈추어서 먼 길을 바라보는 용기가 필요하다. 그리고 방향이 정해지면 매듭짓는 일을 반복하듯이 부지런히 시간을 걸어가야 한다. 그러다 보면 어느새, 우리가 열게 될 문 앞에 근사한 마크라메가 기다리고 있을 것이다.

설렘은 곧 취향이 되고,
나아가 삶이 된다

누군가 '소개팅 첫 만남에 어떤 질문을 던져야 할까요?'라는 질문을 던진다면, '가장 마지막으로 설레었던 순간'을 물어보라고 할 것 같다. 예상치 못한 질문에 선뜻 답을 내리지 못하고 며칠간 머릿속에 맴돌만한 질문이 아닐까. 만약 선뜻 답을 내놓는 사람이라면, 빠른 시간 내에 상대의 삶을 들여다볼 수 있는 기회가 될 것이다. 가만히 보면 설렘이라는 순간의 몰캉한 자극이 거대한 삶을 지탱한다. 일말의 기대와 본능적 끌림에 일치하는 선택들로 하루의 운명이 바뀐다. 아주 작게는 아침에 손을 뻗는 옷에서 '너무 덥지 않으면서 밤에는 적당히 따뜻할 수 있는 포근함'을 기대한다. 점심 메뉴를 고르며 '저녁까지 버틸 수 있을 만한 든든함과 나른한 점심시간을 즐겁게 만들어 줄 자극적인 맛'을 상상하며 설레기도 한다. 이 밖에도 설렘과 기대라는 감정은 매 순간 선택을 좌우한다. 티끌 같아서 우리가 그 감정을 눈치채지 않을 뿐이다.

설렘은 낯섦으로부터 탄생한다. 자신의 업을 '천직'이라 여기는 사람들은 익숙하게 움직이는 몸동작 안에서 이따금 찾아내는 설렘에 모든 의미를 건다. 자신의 일을 사랑하는, 같은 직업을 가진 사람이 100명이 있다고 가정한다면 100가지의 다른 설렘이 존재한다. 이를테면 똑같은 과일 가게를 운영한다고 해도 A 사장님은 제철 과일의 등장에 설레고, B 사장님은 과일이 돈이 되는 순간에 설레고, C 사장님은 과일을 먹고 좋아할 가족들을 상상하는 손님들의 표정에 설레는 것이다. 하기 싫은 일을 하는 순간이 99퍼센트가 될지라도, 1퍼센트의 설렘을 위해 천직의 사명을 지킨다. 그러니 설렘은 각자의 취향이 되고, 나아가 삶이 된다.

MBC 라디오 <별이 빛나는 밤에> 공개방송이 파주 출판단지에서 열린 날이었다. 별밤지기 김이나 작사가님의 오랜 팬이자 부엉이(별밤 애청자의 별명이다)로서 오랜만에 설레는 마음을 물씬 느끼며 달려갔다. 도착해 보니 이동식 버스 라디오 부스가 중앙에 있었다. 그 앞으로는 넓은 야외 광장에 돗자리를 편 사람들이 삼삼오오 앉아 있었다. 양 길가에는 '우리나라에서 제일 맛있는'이라는 문구가 붙은 소고기 불초밥, 화덕 피자, 엄청난 화력으로 구워지는 닭꼬치, 엄마 손 떡볶이, 치즈 닭강정을 파는 푸드트럭에서 각자의 음식 연기가 뭉게구름처럼 올라왔다.

잔디 광장을 보니 앉아 있는 사람들 대부분이 주황색 옷과 머리띠를 일제히 하고 있었다. 연령대는 주로 50대 정도로 보였다. '주변에 다른 행사가 있었는데 단체로 들른 걸까?'라는 안일한 생각을 했다. 알고 보니 라디오 공개방송에 출연하는 트로트 가수 손태진의 팬클럽이었다. 그들의 표정은 누구보다 상기되고 설레 보였다. 덕질은 더 이상 20대 '빠순이'의 것이 아니었다. 금전적 넉넉함과 시간적 평온함을 가진 중년의 힘이랄까. 왠지 그들은 과거 20대 시절 누구보다 야생의 덕질을 경험해 온 '경력직 덕후'인 듯했다. 그중에는 휠체어를 탄 어르신도 후드티를 입고 불빛이 나오는 주황빛 머리띠를 하고 계셨다. 역시 설렘을 편견 없이 받아들이는 사람이 몸에 마음을 맡길 줄 안다. 그 열기에 별밤의 소극적 덕후인 나는 구석에서 겨우 작은 돗자리를 폈다.

　공개방송 출연자 중 한 명이었던 황석희 번역가님은 최근에 '웬 말이냐'라는 문장에 꽂혔다고 말했다. 황석희 번역가님은 해외 영화의 초반부에 '황석희 번역'이라는 자막이 나타나면 안심하고 영화를 즐길 수 있는 브랜드가 되었다. 그는 최근 영어로 된 외국 영화를 한국어로 번역하는 작업을 하던 도중, 특정 장면에 삽입할 적절한 문장이 떠오르지 않아 고통을 받았다고 말했다. 우리나라 정서에서 '하지 마'는 맛이 살지 않고, 어이없는 감정의 말맛을 살려 표현하는 게 풀리지 않는 숙제처럼 느껴졌다는 것이었다. 그런데 최근에 '웬 말이냐'라는 문장을 번뜩 떠올렸을 때, 그 이상 그 이하도 찾을 수 없는 기막힌 설렘을 느꼈다고 고백했다.

그의 직업적 만족도와 내공은 이러한 설렘이 지탱하는 것이었다. 밤낮 없이 의자에 앉아서 반복된 자세로 일을 하는 고통을 버티게 만드는 찰나의 반짝임들이 있는 것이다.

안타깝지만, 설렘은 반드시 소멸한다. 사라지면 어떠한가. 모든 것은 죽어가는 중임과 동시에 탄생한다. 우리는 티끌 같은 몰캉한 감정을 자주 발견하려 노력해야 한다. 그 방법은 간단하다. 몸을 부지런히 움직이면 된다. 지금 이 글을 쓰는 순간이 어떤 설렘에서 오는 힘인지 생각해 본다. 화면 위에 텍스트를 창작하며 어떤 것에도 흔들리지 않고 몰입되는 기분이 설레는 것일까, 이 글을 읽는 독자들이 어떤 설렘으로 오늘을 살아가는지 상상하는 것이 설레는 것일까.

감각의 개연성

　발리에서의 어느 날 아침. 이곳에 온 지 사흘 만에 오토바이 뒷자리가 제법 익숙해졌다. 이곳은 좁은 도로에 꽉 막힌 차들로 인해서 웬만한 거리는 오토바이가 적절한 교동수단이 된다. 오토바이를 부르는 앱을 켜고 여행 동반자 성아 언니가 추천한 요가 스쿨로 목적지를 설정했다. 오토바이 기사는 눈을 마주치고 환하게 아침 인사를 건넨다. 그리곤 한국에서 온 외국인에게 "helmet?"이라고 묻는다. 오케이를 외치면 의자 아래에서 GRAB 이라고 써진 초록색 헬멧을 꺼내어 준다. 한국 땅에서 오토바이를 타본 적이 없었던 나로서는, 굽

이굽이 골목길을 따라 보이는 발리의 황톳빛 이국적인 풍경과 그곳의 음식과 자연의 향이 번갈아 뒤섞이는 공기를 한껏 느끼기에 최고의 경험이었다.

발리의 우붓이라는 지역은 날이 따뜻하고 땅이 비옥해서 1년에 4모작 쌀농사를 짓는다. 드넓은 푸른 논 한가운데 요가 스쿨이 있었다. 1층은 요가 스쿨, 2층은 집인 듯했다. 맨 앞자리에 초록빛 매트를 깔고 수업이 시작하기를 기다렸다. 나무로 만들어진 창에는 끝없이 펼쳐진 논과 한없이 평화로운 하늘이 유일했다. 이따금 부는 바람에 가녀린 민트색 커튼이 실내로 풍성하게 흩날렸다. 그 순간 학창 시절 시험 기간, 아득하게 고요했던 와중에 바람만이 공간의 흐름을 타는 듯 교실을 채우던 민트색 커튼이 떠올랐다. 시간이 느리게 흐르던 그 기분이 여전히 기억에 남아 있다. 그때와 같이 아무도 입을 열지 않았다.

아름다운 외모의 세라 선생님이 들어왔다. 성아 언니와 세라 선생님은 이미 한번 수업을 한 적이 있어 반갑게 인사를 나누었다. 나 또한 먼 타국에서 한국인을 만나는 안도감을 느끼며 인사를 나누었다. 선생님은 운동을 시작하기 전, 매트 위에 정갈하게 앉아 있는 수강생들을 마주하고 서서 입을 열었다. 그녀의 담담한 영어가 좋았다. 자신의 이야기 그리고 수강생들의 이야기였다. 들어보니 수업을 함께 듣는 사람들은 몇 개월간 세라 선생님에게 요가 수련자 과정을 들어왔고, 오늘이 그 긴 여정의 마지막 날이었다. 선생님은 자신의 과거 이야기, 그리고 자신에게 요가가 어떤 의미인지 숨기지 않고 들려주었다.

솔직함만큼 상대방을 무장해제 시키는 무기가 없다. 내가 들었던 요가 수업 중에서 자신의 이야기를 하는 선생님은 세라 선생님이 유일했다. 그녀가 눈물을 애써 참으며 담담히 말할 때, 모두가 눈을 감은 채 눈물을 흘렸다. 진심은 전해진다. 한국인 세라 신생님과 마찬가지로 대부분의 수강생은 이곳 사람이 아니었다. 우리는 어떠한 이유로, 어떠한 마음으로 이곳에 모이게 되었는가. 어떤 슬픔과 고통이 극강의 평화로운 공간으로 존재하게 이끌었는가. 그 누구의 사유도 알 수 없었다. 다만 모두가 소리 없이 서로를 위로할 뿐이었다.

수업이 시작되었다. 존 룬드빅 John Lundvik 의 노래

＜My Turn＞에 맞추어 요가 동작을 몸에 익혔다. 그리고 선생님은 이 노래의 가사를 한 마디씩 설명하며 동작을 연결해 주었다. 가사의 내용은 대략 이러했다. '내가 느끼는 것이 옳다고 느껴진다면, 날아갈 준비가 되었다고 스스로에게 말해주어라.' 이 노래를 네 번째 반복해서 시작했다.

첫 번째는 선생님을 따라 하느라 눈이 바빴다. 두 번째는 동작을 제대로 하고 싶어 몸이 바빴다. 세 번째는 노래와 가사에 대해 설명해 주셨다. 네 번째가 되어서야 비로소 음악과 몸을 맞출 수 있었다. 웅크렸다가 몸을 펼치는 순간, 노래의 분위기가 반전되었다. 가사가 마음으로 물들었다. 모든 것이 맞아떨어졌다. 계속해서 몸을 펼치고, 구르고, 두 팔로 나를 안아주는 동작을 반복했다. 선생님과 그곳의 말 없는 수강생들은 눈물을 흘리며 스스로를 사랑하는 과정을 요가로 대변했다.

수업을 마치고, 한동안 일어나지 못하고 앉아 있는 사람들이 있었다. 나도 그중 하나였다. 옆에서 무릎 위에 고개를 파묻은 성아 언니를 꼭 끌어안았다. 비현실적인 풍경에서 위태로웠던 나를 안아주고 나니, 이곳에 모인 사람들의 영혼이 얼마나 강인한지 체감할 수 있었다.

마음껏 고통을 돌볼 줄 아는 사람만큼 자신을 사랑하는 자가 있을까.

　요가 스쿨 2층은 가정집이었다. 수강생들을 위해 간단하지만 정성 가득한 아침 식사가 준비되어 있었다. 세라 선생님이 미소를 나에게 속삭였다.

　"오늘 침묵의 날이라서, 모두 말을 할 수 없어요. 그래서 조용한 거예요."

　고개를 드니 모든 수강생이 저마다의 풍경을 침묵 속에 담고 있었다. 이층에서 세라 선생님의 어여쁜 딸 지오를 만났다. 열 살 지오는 작가가 꿈이었다. 그래서인지 지오는 나에게 눈을 반짝이며 다가왔다. 아이도 속삭이며 입을 열었다.

　"이모, 제가 요즘 소설을 써요. 이따가 제 글에 개연성이 있는지 봐주세요."

　그 단어를 듣는 순간 스치듯 떠오르는 두 가지 생각이 있었다. 첫째, 겨우 열 살의 아이의 입에서 '개연성'이라는 단어가 나온다는 것. 둘째, 그와 동시에 감각의 개연성이 나를 숨 쉬게 만들었다는 사실이었다. 더불어 이전의 많은 시간 동안 개연성 없는 감각으로 나를 보호하려 했음을 인지했다. 마음이 온전하지 못해도 보고 듣고 움직이는 것들은 최선을 다해 온전한 척 노력하는 날들이 많았다. 그래야만 했다. 마음이 평온하고 싶은 날에는 몸이 온전하지 않았다. 주위에 내가 만든 온갖 소음과 눈을 가려도 선하게 보이는 몸속의 말풍선들이 감각의 노련한 개연성을 방해하곤 했다.

과연 발리의 우붓 중에서도 논 한가운데에 있는 요가 스쿨에 있어서 가능한 일이었을까? 아닐 것이다. 비우지 않아서였다. 아이가 아무런 요구와 평가 없이 감각에 따라 소설을 쓰는 것처럼, 그저 나의 마음을 들여다보기 위해서 감각이 숨 쉴 여백이 필요했다. 슬픔을 슬픔대로, 환희를 환희대로 맞이하기 위해서는 지난한 기억을 관찰하고 흘러가도록 두는 비움의 태도가 필요하다. 내 안의 대화들을 들여다볼 용기. 나는 그 용기를 얻을 핑계를 위해 발리에 온 것이었다.

이번 발리 여행으로 인해 깨달은 것이 하나 있다면, 일상에서 도망칠 공간이 필요하다는 것이었다. 그동안 생존해야 하느라 도망칠 엄두를 내지 못했다. 감각의 온전한 개연성을 위해 적당히 고립되고 외로워질 필요가 있다. 내 몸에 어떤 감정들이 흐르고 있고 어떤 생각들이 오고 가는지 스스로 묻고 답해야 한다. 그렇게 또 다른 아이와 불편하고 지질한 대화를 시작해야 한다.

도망칠 곳이 꼭 발리와 같이 비행기를 타고 떠나야 하냐, 그것은 아니다. 전자기기를 멀리하고 고요한 곳이면 지금 있는 장소도 매력적인 도망지가 될 수 있다. 중요한 것은 나와 단둘이 존재할 수 있느냐에 대한 답이다. 나를 몰라줬던 시간이 길었다면 꽤 오래 걸릴지도 모른다. 괜찮다. 그 시간을 용기 있게 비워내고 나면, 감각의 개연성이 주는 삶의 풍요를 맞이할 준비를 하게 될 것이다.

일의 의미

　"어떤 일 하세요?"라는 질문에 곧바로 어떤 답변을 할 것인지 궁금하다. '일'이라는 단어를 해체해 보면 여러 가지를 유추해 볼 수 있다. 일이라는 단어는 그 나라의 노동을 대하는 문화, 개인의 정체성에 대한 이해, 타인과의 관계성까지 포함하고 있다.

　발리에서 우연한 요가 수업으로 인연이 된 세라 선생님과 그녀의 남자친구, 그리고 선생님의 딸 지오와 함께 저녁 식사를 하는 날이었다. 나는 그녀의 삶을 뭉뚱그려 알게 된 지 채 이틀이 되지 않았으나, 많은 것들이 궁금해졌다. 3년 전, 한국에서 비행기로 8시간이나 떨어진 휴양지에 정착해서 살게 되는 연유는 무엇이며 이곳의 삶은 한국의 삶과 무엇이 다른지, 때때로 기분은 어떠한지 등등.

맞은편에 앉은 그녀는 환하게 웃으며 말했다.

"저는 이거 신기했어요. 수빈 씨는 '어떤 일 하세요?'라는 질문을 받으면 뭐라고 하세요? 한국 사람들은 보통 '어디 회사 다녀요', '직업이 이거예요' 이런 이야기 하잖아요. 제가 발리에서 만난 요가 선생님들에게 같은 질문을 던지면 '나는 힐러야. 네가 아프거나 고민이 있을 때는 언제든 나한테 얘기해'라고 하는 사람이 많았어요. 재밌지 않아요? 아직 정식 강사가 아니라 짧게 수련자 과정을 들은 사람들도 그런 말을 많이 하더라고요."

자신의 일이 '요가 수련생'이 아닌 '힐러'라고 답하는 사람들은 어떤 마음가짐으로 오늘을 살아가는지 공감하고 싶은 동경심마저 들었다. 내가 답했다.

"제가 며칠 동안 만난 발리의 요가 선생님들을 보고 놀란 건, 자기 일을 하면서 온 진심으로 행복해하는 모습이었어요. 그런 표정은 처음 봤거든요."

세라 선생님은 웃으며 말했다.

"그런 마음이 우러나오는 말이었겠죠. 그런데 솔직히 저는 그러지 못하겠어요. 저를 '힐러'라고 하는 게 좀… 부담스럽거든요. 저는 수련생들한테 그렇게 말해요. 그저 내가 조금 더 먼저 배우고 알려주는 사람이라고. 저는 그게 맞는 거 같아요."

'무엇이 맞다'라는 정답은 없다. 다만 자신의 일을 '명사'가 아닌 '역할과 행위'에 자연스럽게 초점을 맞추는 모습이 인상적이었다. 명사가 아닌 동사로 직업을 선택하는 것이 보다 현명한 일이라는 것은 인지하고 있었으나, 나를 소개하는 과정에서 명사를 과감히 삭제해 본 적은 단 한 번도 없었다. 자신의 쓰임. 즉 행위로 일을 설명하는 순간 타인에게 어떠한 영향력을 주는 사람임을 동시에 지각하게 된다. 이는 곧 타인의 쓰임이 된다. 그리고 비로소 일의 진정한 의미는 존재가 아닌 연결에 있었음을 알고 '나'의 일보다 '우리'의 일로 세계가 확장되는 경험을 얻는다. 철학자 아들러가 말하는 '일'에 대한 이야기를 담은 기시미 이치로의 책『일과 인생』에는 이러한 개념을 '공헌감'으로 설명한다.

'인간은 무엇을 위해 일하는가? 일함으로써 인간은 자신의 능력을 타자를 위해 쓰고 타자에게 공헌한다. 타자에게 공헌하면 공헌감을 느끼고, 그럼으로써 자신이 가치 있다고 느낄 수 있다. 따라서 일한다는 것은 자신을 위한 일이기도 하다.'(『일과 인생』 중 발췌)

그러면서 자신이 가치 있다고 느끼지 못하는 일은 의미가 없다고 말한다. 인간이 하는 모든 일은 혼자서 이뤄지지 않는다. 지금 내가 하는 일이 누구에게 어떠한 영향력을 주고 있는지 유심히 생각해 본 사람만이 자기 가치를 분명하게 깨닫는다. 유일하게 혼자서만 할 수 있는 일은 세상에 존재하지 않지만, 나만이 가지고 있는 가치는 존재할 수 있다.

대기업 최종 합격의 비밀

사촌 언니가 3년 만에 대기업에 합격했다는 소식을 전했다. 내노라 하는 사람들이 모인 공채에서 전국에서 네 명만 뽑는 자리에 들었다니 진심으로 대단한 일이다. 얼마나 간절했는지 알았기에 더 기쁜 마음으로 축하를 보냈다. 대기업 면접을 경험해 본 적 없는 나로서는 최종 면접 합격 비밀이 궁금했다. 마지막 면접에서는 다른 사람이 아닌 꼭 그 사람이어야만 하는 이유가 분명해야만 합격을 쥐여 줄 수 있기 때문이다.

사실 최종 면접까지 온 사람들은 이미 실력은 다 검증되었다고 봐도 무방하다. 이제는 '사람'이 중요한 것이다. 면접의 목적은 최고의 능력을 가진 사람을 선정하는 것이 아닌, 함께 일하고 싶은 사람을 데려오는 것이다. 그러니 최종 면접은 함께 일하고 싶은 사람을 알아보는 대화의 자리라는 것을 알아야 한다. 그녀의 이야기를 듣자, 임원들의 마음을 움직일 수 있었던 이유를 단번에 알 수 있었다.

"물론 능력은 말할 것도 없겠지만, 최종 면접은 그게 다가 아니잖아. 언니는 왜 합격한 거 같아?"

"이거 내 치트키인데, 나는 무조건 분위기를 좋게 만드는 거에 집중했어."

"대화의 주도권을 가져갔던 거구나."

"맞아. 특히 면접 마지막에 하고 싶은 말이 있냐고 물어봤거든. 그때 내가 뭐라고 했냐면, '임원분들께서 신입사원 때 가장 보람찼던 순간이 언제였는지 궁금합니다. 제가 신입사원이 된다면 참고해서 그 시기를 기억에 남는 순간으로 만들어 가고 싶어서요'라고 질문을 던졌어."

"똑똑하다. 임원분들은 분명히 면접자들을 보면서 한 번쯤 자기의 신입사원 시절을 떠올렸을 거 같아."

"내가 그 질문을 하는 순간, 서로 수다의 장이 펼쳐

진 거야. 그때 확신했지. 나 붙겠구나!"

그녀가 던진 질문은 잘 보이기 위한 노력이 아닌, 임원들에게 추억을 보여주었다. 한 임원은 말했다.

"저는 신입사원 때, 지쳐서 퇴근하는 버스에서 시끄럽게 떠드는 사람이 있어서 째려 봤거든요. 근데 그 사람이 들고 있는 게 딱! 제가 디자인한 스마트폰인 거예요. 그래서 화가 순식간에 사라졌던 기억이 나네요. 허허허."

그러자 다른 임원이 말했다.

"저는 신입 연수원에서 우리 남편 만났어요. 그게 제일 보람차죠!"

이야기가 만들어지는 순간, 그 자리에 있는 모든 사람은 상상했을 것이다. 이 친구가 회사에 오면 즐거운 대화를 나눌 수 있을 것이라고. 그녀의 **합격 비밀은 머리가 아닌 마음을 움직이게 만드는 것**이었다. 평소에도 배려심이 넘치는 사람이기에 면접장의 대화 속에도 상대방이 들어올 자리가 남아 있었던 것이다.

어떤 자리에서든 기억해야 한다. 원하는 것을 얻고 싶다면 내가 하고 싶은 말보다 상대방이 말하고 싶은 분위기를 만들어야 한다. 그리고 그 밑바탕에는 상대방을 목적의 대상이 아닌 수많은 이야기를 가진 한 사람으로 바라보는 태도가 필요하다. 이러한 시선이 낳은 사소한 대화들이 소복이 쌓여서 단단하고 따뜻한 분위기가 만들어진다.

오늘도 확실하게 포기하고
느슨하게 이어갑니다

반복해서 듣는 이상한 칭찬이 있다. "꾸준히 하는 게 대단하세요." "독기가 있으시네요." 하지만 나는 은 근히 쉽게 질려한다. 열정은 있지만 무리하지 않는다. 그럼에도 이런 말을 자주 듣는 이유를 생각하다 나름의 비밀을 찾아냈다.

어릴 적 들었던 잔소리를 떠올려 보자. 나의 변하지 않는 특성을 알 수 있다. 이를테면 "애가 왜 이렇게 산 만하니"를 자주 들었다면 자율성이 높은 사람, "숫기가 없어서 눈치만 봐 가지고 어쩌니…"를 자주 들었다면 분위기를 기민하게 파악하는 사람일 가능성이 높다. 반복해서 듣지만 도무지 고쳐지지 않는 평가성 잔소리가 어릴 적에는 힘들게만 느껴진다. 하지만 어른이 되어서 잘 생각해 보면, 어릴 적부터 유독 튀어나온 그 부분이 손잡이가 된다.

내가 엄마에게 자주 들었던 말은 바로 "너는 왜 더하질 않니"였다. 어떤 아이들은 10을 하라고 하면 그이상을 해내기도 하는데, 너는 모든 일을 시키는 딱 그만큼만 해내고 멈춘다는 것이었다. 특출나길 바라는 엄마의 마음일 수도 있으나, 사실 어릴 적의 나도 알고 있었다. 내가 7~8에서 멈춘다는 것을 말이다. 그러나 해야 하는 일은 무리하지 않는 태도로 꾸준하게 했다. 벼락치기라는 것을 안 해본 것은 아니니, 공부를 위해 밤을 새우는 행위가 나에게는 역효과를 불러일으켰다. 부모님은 성인이 된 나에게 말했다. 어린 너는 이것저것 관심이 많았는데, 그 관심들에 대한 열정이 모두 오래가지 않아서 솔직히 걱정되었다고. 성인이 되어서도 이렇게 관심을 바통터치만 하다 뚜렷한 게 없으면 어쩌나 하고 말이다.

하지만 재밌는 점은 타인이 보는 나의 첫 번째 강점이 '오래가는 힘'이라는 것이다. 그 증거들을 몇 가지 모아본다면 어릴 적부터 꿈꿔왔던 아나운서라는 직업을 10년을 품었고, 총 6년을 매달렸다. 서비스직 아르바이트는 대학 생활을 병행하며 많게는 세 개를 했지만, 대부분 한 가게당 2년 정도를 유지했다. 유튜브도 3년간 네 개의 채널을 만들었다가 실패하고 지금 운영하는 채널이 다섯 번째 채널이다. 숏폼 콘텐츠를 몇 년간 꾸준히 올리면서 전략을 파악하고 2개월 만에 10만 명의 구독자가 찾는 계정으로 성장하기도 했다. 뛰는 건 상상하기도 싫어했던 내가 매일 아침 조깅을 하니 이제는 조랑말처럼 달릴 수 있다.

마지막으로 유치원 때부터 지금까지 놓지 않은 일은 일기를 쓰는 일이다. 일기장으로 책장을 거뜬히 채울 수 있다. 그만큼 기록에 대한 집착이 상당하다.

이런 것들을 유지하는 데 있어 딱히 힘을 주었던 적이 없었다. 그냥, 모두 지나 보니 '어느새'가 되었다. 끈기에 대한 칭찬을 들을 때면 '어느새'의 힘에 대해 생각하게 된다.

그 비밀은 '확실하게 포기하고 느슨하게 이어가는 것'이다. 나는 여전히 여기저기 관심이 많다. 어릴 적 잔소리처럼 말이다. 찔러보고 마는 것들도 그만큼 많다. 그중에서 나를 기분 좋게 만들어 주는 것들만 남기고 굳이 애써야 하는 것들은 미련 없이 포기한다. 다음은 남아 있는 몇 가지의 일들을 무리하지 않을 정도의 힘으로 느슨하게 반복한다. 여기에서 두 번째 강점을 활용한다. 바로 '결단력'이다. 어릴 적에 "너는 관심이 왜 이렇게 빨리 바뀌니"라는 잔소리를 다른 각도에서 보면 '빠르게 결정하고 빠르게 바꾸는 능력'이었다. 내가 무엇을 잘하고 좋아하는지 기민하게 파악하고 때론 냉정하게 행동한다.

모든 일에 90퍼센트만 하자. 그게 관심이 많은 인간이 잘 살아가기 위해 세운, 나름의 법칙이다. 물론, 육신과 정신이 너덜너덜해질 정도로 일에 미쳐 있던 시간도 있었다. 그러나 다시 건강을 회복하는 데에 너무나 긴 시간이 필요했다. 그때를 떠올리면 눈부신 성과 뒤의 보이지 않는 곳에서 진물이 난 흉터를 파내고 파내던 내가 떠올라서 마음이 썩 편치 않다. 최선에 최선을 다하는 나를 최악으로 미워했다. 물론 꼭 필요한 시간이었다. 한살 한살 나이를 먹어가며 좋은 점 중 하나는, 나에게 맞는 삶의 방식을 조금씩 알아간다는 것이다. 신기하게도 90퍼센트만큼의 열정을 반복하고 또 반복하면 남들 눈에는 120퍼센트 그 이상으로 보이는 '능숙함'이 생겼다. 힘을 들인 적이 없으나 강해져 있었다. 물론 단점도 있다. 새로 시작하는 일의 초반에는 원하는 만큼 성과가 빠르게 나오지 않는다. 실수도 많고, 몸에 익숙하게 맞추는 시간을 버텨야 한다.

모든 사람에게 권하는 방식은 절대 아니다. 다만 나처럼 관심이 다양해서 모든 것에 완벽을 기하면 고장 나는 사람들은 이렇게 하면 된다. 마치 자전거의 기어와 같다. 자전거의 기어를 3단 그 이상으로 올려 뻑뻑한 페달을 밟는다면, 초반에 빨리 갈 수는 있어도 오르막이 나오는 순간 다리에 쥐가 날 수 있다. 저 멀리 그다음 오르막이 보이면 긴장하게 된다. 한계에 다다르면 결국 두 다리를 땅에 대고 멈춰야 하는 순간이 온다. 처음부터 기어를 1~2단으로 놓는다면 어떨까. 초반에는 걸어가는 건지 조깅을 하는 건지 티가 나지 않을지도 모른다. 속도는 빠르지 않을지라도 주변의 풍경에 마음을 맞추며 갈 수 있다.

　천천히 달리며 새로 탄 자전거를 살펴본다. 하나하
나 만져보고 몸에 맞게 자세도 고쳐본다. 그렇게 달리
고 달리다 보면 어느새 등 뒤에 오르막이 있을 것이다.
결국 수면 위에 오르는 사람은 빨리 가는 사람이 아닌
멀리 가는 사람이다. **출발할 땐 아무도 알려주지 않지
만 지치거나 다치면 나만 손해다.** 오래도록 일하고 싶
다면, 불타오르지 않는 나를 미워하고 싶지 않다면 확
실하게 포기하고 느슨하게 이어가자.

당근 99도를 만나서
다행입니다

애틋한 물건이 좋은 사람에게 간다는 건 꽤 뿌듯하고 안심되는 일이다. 중고 거래에 있어서 좋은 사람의 기준은 당근 온도 99도면 충분하다. 23년간 살았던 동네를 떠나며 우리 가족은 세월의 흔적이 뚝뚝 묻은 낡은 가구들을 버리고 새로운 가구들로 새집을 채웠다. 눕지 못했던 크기의 아주 작은 방에서, 침대를 놓을 수 있는 방이 생겼다는 사실이 얼마나 설레었는지 모른다. 학생 시절에는 과외로 모은 돈으로 방안을 채울 것들을 온종일 쇼핑했다.

내가 구매한 것 중 애착이 가는 가구가 하나 있었다. 바로 새하얀 원형 테이블이었다. '오늘의 집'과 같은 플랫폼에 들어가면 방 좀 꾸몄다는 사람들의 사진이 많이 올라와 있다. 이 원형 테이블은 그중 열에 아홉은 가지고 있는 것 같은 가구였다. 그만큼 '잘 꾸며놓은 방'에 어울리는 가구처럼 느껴졌다. 새로운 방을 갖게 된다면 왠지 나도 그런 감성 사이에 끼고 싶었다. 같은 원형 테이블도 가격대가 다양했다.

나는 평소 물건을 깨끗하고 오래 쓰는 편이다. 그 자부심 하나로 30만 원대, 지름 100cm 테이블을 선택했다. 대학생이었던 나에게는 나름 큰 소비였다. 그렇게 2년간, 나는 매일 새하얀 원형 테이블 위에서 얼룩 하나 남기지 않은 채 많은 일들을 꾸려갔다. 1년은 부모님과 함께 살았던 집에 있었고 그다음 1년은 좁은 자취방에서 함께한 탓에, 그 원형 테이블이 식사까지 해결해 주는 중요한 생활 공간이었다. 나는 집에 있어도 침대가 아닌 책상 앞에 앉아 있는 걸 좋아한다. 그래서인지 애착이 남달랐다. 이 테이블 위에는 주먹을 쥐고 숱한 고민을 했고, 좋아하는 사람들과 밤새도록 대화를 나눴던 시간이 놓여 있었다.

자취 2년 차, 열심히 일한 나에게 주는 보상으로 더 넓은 공간으로 이사를 했다. 방이 하나 늘었고 거실을 사무실로 쓰게 되었다. 그러다 보니 원형 테이블보다 사무형 사각 테이블을 찾게 되었다. 최소 5년은 함께할 거라고 생각했던 원형 테이블을 당근마켓에 올리게 된 이유가 바로 이것이었다. 한번 이사를 하며 깨달은 바, 당근마켓에서 부피가 큰 가구는 잘 팔리지 않는다. 반값 그 이하의 가격을 내렸는데도 2개월간 대기 상태였다. 그러던 중, 내일 당장 구매하겠다는 연락을 받았다. 만 원을 더 깎아줄 수 있냐는 제안도 몇 개월간 기다린 시간에 대한 보상이라는 마음으로 흔쾌히 수락했다.

　　늦은 저녁, 구매자는 집 앞으로 차량을 가지고 도착했다. 나는 지름 100cm 크기의 무거운 테이블을 낑낑대며 현관문을 통과시켰고, 뒤뚱거리며 엘리베이터에 실었다. 1층에 도착하자 구매자분은 엉거주춤하는 나를 도와 문 밖으로 테이블을 꺼내주셨다. 나는 웃으며 인사를 건넸다.

　　"안녕하세요."

　　구매자분도 인사와 함께 무언가를 건넸다.

"안녕하세요, 이거 깎아주셔서 감사한 마음에 드리는 건데 받으세요."

갓 나온 따뜻한 빵 두 개가 쇼핑백 안에 들어 있었다.

"와, 정말요! 이런 거 받아도 되는지 모르겠어요."

"저희 동생이 빵 가게를 하는데, 가져온 거예요. 맛있어요."

"감사합니다."

그렇게 빵을 받아 들고, 테이블을 이리저리 살펴보는 구매자분을 기다려 주었다.

그때 구매자분이 물었다.

"이거 100cm 맞나요?"

"네, 맞아요!"

"흠… 잠시만요."

그는 차량에서 줄자를 가져오더니 테이블 위로 펼쳤다. 아뿔싸, 90cm 였다. 2년간 몰랐던 식스센스급 반전이었다. 나는 당황스러운 표정을 감출 수 없었고, 그도 난처한 표정을 지었다.

"아… 제가 여태 100cm 인 줄 알고 쓰고 있었네요. 어쩌죠?"

구매자는 답했다.

"제가 100cm를 찾고 있던 중이어서 구매는 어려울 것 같습니다. 빵은 맛있게 드세요!"

구매자분은 아쉬움을 뒤로하고 떠났다. 황당함과 미안한 마음으로 90cm의 책상을 들고 여전히 엉거주춤한 모습으로 집에 돌아왔다. 달라진 건 손에 들린 빵 두 개였다. 죄송한 마음이 들었다. 테이블을 거실에 밀어 넣고 가쁜 숨을 몰아쉬는 순간, 휴대폰 메시지 알림이 울렸다.

'정말 죄송한데, 제가 구매하겠습니다! 지금 돌아가도 될까요?'

'아, 네!'

테이블 사이즈는 맞지 않지만, 깨끗한 상태가 마음에 든다는 이유였다. 이미 집안에 가득 퍼진 빵 냄새를 뒤로하고 엉거주춤한 자세로 테이블을 들고 현관문을 통과했다. 머쓱하지만서도 반가운 표정으로 다시 만났다. 무엇보다 구매자분에게는 우연한 사이로 만난 인연을 사람으로 대하는 태도가 느껴졌다. 2년간 많은 일을 함께한 이 테이블을 떠나보내는 마음이 편안했다. 좋은 사람에게 깨끗하게 쓰일 것이란 기대감이 들었기 때문이다. 휴대폰을 확인하니 구매자분의 당근 온도는 99도였다. 종종 당근마켓을 이용했지만 99도 구매자는 처음 보았다. 마치 공작새를 발견한 기분이었다. 농담이지만 팍팍한 현대사회에서 당근 온도로 인성을 가늠할 수 있지 않을까 싶다. 99도의 비결이 뭔지는 바로 눈치챌 수 있었다.

　누굴 만나더라도 먼저 주는 마음은 절대 손해 볼 일이 없다. '고마움'만큼 다정한 단어가 있을까. 당근 중고 거래의 묘미는 낯선 사람에게 나의 물건을 건네주는 것에 있다. 특히 내가 애착을 가지던 물건이면 더욱 좋은 사람에게 갔으면 하는 마음이 든다. 고등학생 때 기타를 치고 싶다는 로망이 있었다. 대학 입시가 끝나자마자 레스토랑 알바를 해서 샀던 통기타는 몇 개월 수업을 받고는 스물네 살까지 방 한편에 고이 기대어 있었다. 추억으로 남겨두고 싶은 고집에 세워두다가, 이러다간 벽에 기대둔 통기타의 넥이 휘어질 것 같다는 생각이 들었을 즈음에 아주 저렴한 가격으로 당근마켓에 올렸다. 웃음이 순박하게 예쁜 남학생에게 그 기타를 팔았던 때도 비슷한 감정이었다. 나에게 좋은 기억을 주었던 물건의 이야기를 좋은 사람이 이어줄 거란 기대감이었다. 그 덕분에 비로소 추억이 완성되었다. 집으로 돌아와 달달한 빵을 먹으며 감사한 행복을 맛보았다. 나도 중고 거래를 할 때 종종 작은 선물을 함께 넣는 편이다. 그 선물의 의미에 대해서는 크게 고민해 본 적이 없었다. 단지 반가움의 표현이었다. 앞으로는 상대방에게 '내 물건을 이용해 줘서 고맙다' 혹은 '소중한 물건을 건네줘서 고맙다'라는 말을 함께 담아 보려 한다. 마음 온도가 1도 올라가는 사소한 행동이 아닐까.

다정한 스위치

　정답은 하나. 선택지는 두 개라면 짧게는 몇 초, 길게는 몇 분을 고민하기 마련이다. 그중 하나가 불을 켜는 순간이다. 내가 조명을 켜야 하는 장소는 하나, 애매한 스위치는 두 개일 때. 뭐 불 켜는 데 얼마나 걸리나 싶지만 왠지 한 번에 딱 맞게 켜고 싶다. 또 한두 번 눌러본 스위치가 아니라면 원하는 불을 한 번에 켜지 못했을 때 괜한 자존심이 상하기도 한다. 운 좋게 맞는 스위치를 켤 때면 작게 기분이 좋아짐을 느낀다. 집에 있는 스위치뿐만 아니라 일을 하는 장소들에서 매번 일어나는 찰나의 고민이었다. 영어 강사로 일할 당시에 학원

마감을 하며 견출지에 스위치의 이름을 적어주었다. 창고, 회의실, 계단, 복도, 프런트 이런 식이었다. 덕분에 그런 습관 같은 고민이 멈추었다. 그러나 그조차도 '여기에 불이 켜져 있었나…' 하는 한 번의 고민이 남았다.

수업을 마치고 퇴근하며 엘리베이터 버튼을 자연스레 눌렀다. 버튼 옆, 스위치가 눈에 들어왔다. '밤' 그리고 '낮'. 어디에 위치한 조명인지는 알 수 없다. 그러나 믿음을 가지고 누를 수 있는 표시였다. 환한 낮에는 건물 복도도 밝을 때이다. 아마 적당한 밝은 빛의 조명이겠지. 많은 사람이 건물을 이용할 테니 훨씬 많은 조명을 켤 수 있을 것이다. 어둑한 밤에는 눈이 아프지 않을 정도의 따뜻한 조도와 밤을 망가뜨리지 않을 정도의 다문다문한 개수의 조명이 켜질 것이다.

어느 상가 복도에서 '조명 1', '조명 2'로 표시된 스위치를 본 적이 있다. 스쳐 지나가는 상가들에서 스위치를 누를 일은 없기에 무심코 지나갔었다. 상가 관리인들만 서로 알면 될 일이다. 하지만 그분들도 나처럼 습관적 고민을 하지 않았을까 감히 추측해 본다. '이게 1이었던가, 2였던가…' 하고 말이다.

밤과 낮으로 스위치를 표시하다니. 왠지 스위치가 '지금은 밤입니다. 이런 조명이 딱이에요'라고 말하는 듯했다. 자세하진 않더라도 다정함이 느껴졌다. 이 상가를 처음 방문한 누구라도 단번에 누를 수 있는 스위치이다. 이런 세심한 온기가 느껴지는 다정한 것들에 감동한다.

어설픈 미움은
확실한 사랑을 보장하지 않는다

　미움이라는 확실한 부정적 감정을 다룰 줄 모르는 사람은 대개 사랑을 다루는 것에도 서툴다. 그것은 자신에게도, 타인에게도 적용된다. 나만 아는 못마땅한 실수들이 반복되고 아무리 노력해도 상황이 나아지지 않을 때 가장 먼저 드는 생각은 '내가 밉다'라는 것이다. 남들은 척척 잘만 하는 것 같은데, 왜 나에게는 고되기만 한 건지 속상한 마음이 갈고리가 되어 자존감을 발바닥 아래로 주욱 끌어내린다. 덤으로 스스로에 대한 확신도 희미해진다. 이때 가장 먼저 해야 할 일은, 자신감을 채우거나 나를 위로하는 것이 아니다. 축 처진 감정들로부터 세 걸음 뒤로 물러서서 가만히 바라보는 것이다. 나를 미워하는 마음을 스스로에게 들켰을 때 엎어진 물을 허둥지둥 치우려는 듯 어떻게든 지우려 노력하는 경우가 있다. 잠깐은 기분이 전환될 수 있지만, 이내 눅진하게 가라앉은 마음으로 돌아오게 될 것이다. 물이 엎어졌음을 알아차리기도 전에 치우려 했기 때문이다. 기분 관리를 잘하는 사람들은 도파민이 수시로 분출되어 가라앉지 않는 것이 아니다. 그들은 기분을 가만히 살피는 일을 절대 미루지 않는다.

상대적으로 보이는 일을 하거나 다양한 분야의 사람들과 마주치는 일을 하는 사람들은 자신의 이름이 타인에게 오르내리는 경우를 자주 경험한다. 오고 가는 이야기가 많을수록 평판과 오해가 쌓여간다. 좋은 말만 주고받으면 좋겠지만, 모든 사람이 나를 예쁘게만 볼 수 없다. 어렸을 때는 갈등과 미움이란, 그럴만한 일이 생겼을 때 발생하는 것이니 통제할 수 있을 것으로 생각했다. 착각이었다. 사람 수만큼 생각 수도 다르다. 좋은 의도로 전한 말에도 누군가는 생각지 못한 포인트에서 불편함을 느낄 수 있고, 의도가 없는 행위가 확대 해석으로 인해 한순간에 이상한 사람이 되기도 한다. 심지어는 없는 일이 마치 어제 일어난 생생한 사실인 양 소문이 나기도 한다. 말을 옮기기 좋아하는 사람이 평범한 사건에 살을 붙이고 붙여 한 인물의 평판을 완전히 망가뜨리기도 한다. 유명인들이 각종 루머에 시달리는 이유가 바로 이것이다.

나에게도 이런 일이 생긴 적이 있다. 이해할 필요는 없으나, 이유는 알 것 같았다. 나를 좋아하지 않는 것이었다. 그가 나를 흠집내기 위한 낭설들을 퍼뜨리고 다니는 사실이 두세 번 정도 나의 귀에 들려왔을 때 그가 진심으로 안타까워졌다. 누군가를 질투하는 마음이 얼마나 스스로를 갉아먹는 것인지 상상이 되기 때문이다. 자신이 더 나은 사람이 되기보다 타인을 아래로 끌어내려 같은 곳에 두려는 사람들이 있다. 주변 사람들은 나에게 이 말을 전하며 명예훼손으로 고소하거나, 바로 화를 내라는 조언을 했다. 그러나 나는 부정적 감정에 곧바로 똑같이 대응하고 싶지 않았다. 분명 그 말을 들은 사람 중 나를 아는 사람은 사실이 아님을 단번에 알 것이며, 머지않아 힘을 잃고 쓰러질 소문이었기 때문이다. 그 순간에 그도 같이 무너질 것을 알았다.

물론 화를 내야 할 상황들은 분명히 있다. 자신을 단호하게 지킬 줄도 알아야 한다. 상대방 스스로가 오해에 대한 사실을 인정할 줄 아는 성숙한 사람이라면, 바로잡을 필요도 있다. 그러나 스스로 무너질 것이 뻔히 보이는 사람을 대상으로 구태여 나의 소중한 감정까지 태울 필요는 없다고 느껴졌다. 자신만의 미움으로 확고한 사람에게 미움받지 않고자 하는 마음으로 맞섰을 때 더 큰 불씨를 던지는 꼴이 되기 때문이다. 마치 악플러에게 당신이 욕을 하면 안 되는 이유에 대해서 설득하는 모양이다. 나도 처음 악플을 받았을 때는 그들에게 억울함을 설명하려 노력했으나, 더 큰 분노를 일으킬 뿐이었다. 이후 최선의 대처란 무시하는 것임을 알게 되었다. 타인의 마음은 멋대로 바꿀 수 있는 게 아니다. 특히나 자신만의 싱안에서 온갖 부정적 시나리오를 쓰는 사람들은 더더욱 그렇다. 그러니 딱 한 번, 안타까운 눈빛을 보내주고 고개를 돌려 내가 가야 할 길을 굳건히 가면 된다.

무대응을 택했지만 마음이 속상한 것은 사실이었다. 이 마음을 내가 많은 것을 털어놓는 언니에게 꺼냈다. 언니는 미소를 지으며 말했다.

　"그거 왜 그런 줄 알아? 네가 다이아몬드라서 그래. 다이아몬드는 모두가 탐내는 거잖아. 특별하고 귀한 거니까. 질투 그것도 아무나 받는 거 아니야. 빛나는 사람들만 받을 수 있는 거야. 그러니까 '내가 다이아몬드라서 탐이 나나 보다'라고 생각해."

　이 말을 듣고 소리 없는 미움들을 있는 그대로 인정하기로 했다. 어떤 부분에서 미움을 만들었는지는 알 수 없으나, 분명한 것은 그가 갖지 못한 빛나는 부분이 내게는 있다는 사실이었다. 그것 또한 인정해 주기로 했다. 진짜 다이아몬드가 되기 위해서는 내가 다이아몬드라는 사실을 알아야 한다. 미움을 인정함으로써 사랑을 확신하는 태도가 필요하다. 이유 없이 미움을 받아 보니, 이유 없이 사랑을 주는 사람들이 눈에 들어왔다. 미움을 인정하니 비로소 사랑이 보였다.

아래층에
이런 쪽지는 처음이라

　유명인들도 층간소음으로 이슈가 되는 세상이다. 더군다나 모두가 집에 있는 시간이 늘어나면서 이곳이 완벽히 혼자만의 공간은 아니게 되었다. '아랫집'이라 불리는 이웃이 존재하는 아파트에 거주하고 있다면 말이다. 새로운 동네로 이사 온 지 2개월이 흘렀을 때쯤 일이었다. 동생의 방에서 매일 밤 12시부터 알 수 없는 남성의 고성방가가 시작되었다. 창문을 여니 더 선명하게 들리는 욕설. 아랫집 같은 방에서 탈칵 거리는 게이밍 키보드와 마우스를 배경음악으로 온갖 욕설과 고성이 반복되었다. "아아아아악!! 아이씨

$!&$N#FU!@$!!!!! ” 소리를 지르며 몸에 열이 나서인지 창문을 활짝 열고 있었다. 이는 해가 뜨기 직전까지 지속되었는데, 그렇게 2주가 흐르자 동생은 스트레스로 미칠 지경에 이르렀다.

분명 어떠한 조치가 필요했다. 관리실에 이야기해도 될 문제이지만, 괜히 중간 관리인을 통해서 이야기하는 게 갈등을 심화시키진 않을까 걱정되었다. 현명하게 대화할 방법을 찾고 싶었다. 동생과 마주 앉아 고민했다.

"욕을 너무 잘하는데? 직접 찾아가는 건 무서워서 안 되겠어"

쪽지를 쓰고 문 앞에 붙여 놓기로 결정했다. 노트에서 종이 한 장을 야심 차게 찢어놓고 펜을 뽑아 든 채 멈췄다.

"그래. 이제 어떻게 쓸 거야?"

"이런 거 써본 적 없는데…"

처음 만난 사이이지만 이웃이기에 최대한 예의를 지키면서도 우리의 곤란한 상황을 분명히 어필해야 했다. 불만 상황을 표출할 때 가장 많이 하는 실수는 감정을 배출하는 것을 유일한 목표로 두는 것이다. 갈등을 해결하는 대화에서는 절대 목표를 잊어서는 안 된다. 바로 '해결'이다. 감정 배출에 혈안이 되어 대화가 아닌 폭언을 주고받는 경우를 한 번쯤은 본 적이 있을 것이다.

현명한 대화를 통해 원하는 결과를 얻고 싶다면, 감정과 사실을 분리하는 것을 첫 번째 순서로 두어야 한다. 더군다나 상대방이 자신이 피해를 주었다는 여부조차 모르고 있다면, 더더욱 분명하게 사실만을 전달하려 노력해야 한다. 글자에는 감정이 없지만, 내용에는 감성의 이름과 원인이 솔직하게 드러나야 한다. 이를테면 "조용히 좀 합시다. 밤에는 창문을 닫는 게 매너 아닌가요?"가 아니라, "게임 소리와 욕설 소음 때문에 잠을 잘 못 자고 있습니다"라고 상황에 따른 이유 있는 감정을 전하는 것이다. 내 기분 나쁜 감정을 해소하겠다고 상대에게 무작정 쏘아붙이면 오히려 역효과를 불러일으키게 된다. 문제를 해결해 주는 사람은 상대방이라는 사실을 잊으면 안 된다. 펜 뚜껑을 닫고 아래층 대문에 살며시 종이를 붙였다. 너그러이 이해해주길 부탁하는 마음이었다.

(쪽지 내용)

안녕하세요, 이웃집 주민입니다.

다름이 아니라 작은방 소음 때문에 이렇게 쪽지를 남기게 되었어요.

저희 집 작은 아이가 그 방을 사용하는데, 새벽 12~3시경 게임 소리와 욕설 소음 때문에 잠을 잘 못 자고 있습니다. 늦은 시간인 만큼 배려 부탁드립니다.

더운 날씨 조심하시고 좋은 하루 보내시길 바랍니다. 감사합니다.

그날의 새벽은 조용했다. 당시 더운 여름이라 대부분의 방 창문이 열려있었는데, 동생 방에서 대화를 하면 아래층에서 살며시 창문을 닫는 소리가 들렸다. 배려에 대한 고마운 마음과 너무 신경 쓰이게 한 건 아닌가 하는 미안한 마음도 동시에 들게 되었다.

그로부터 며칠 후, 아래층 아주머니가 벨을 누르셨다. 띵-동 띵-동!

"아랫집이에요~."

문을 열자 아주머니는 직접 씻은 체리를 큰 지퍼백에 한가득 담아 안겨주셨다. 이제 갓 스무 살이 된 아들인데, 게임을 너무 좋아해서 문제라며 정말 미안하다는 말과 함께.

"세상에 그 쪽지도 너무 감사해요. 말씀을 예쁘게 하셔서 오히려 죄송하더라고요. 이거 보고 정신 차리라고 아들 방문에 붙여놨어요~"

"저희도 정말 감사해요. 발소리 시끄러우면 언제든 말씀해 주세요."

아랫집 이웃에게 선물을 받은 건 처음이었다. 보통은 윗집 사람들이 아랫집 사람들의 눈치를 보기 마련인데 입장이 뒤바뀐 듯했다. 엄마는 며칠 뒤 블루베리 잼을 만드셨다. 병 가득, 감사한 마음을 담아 아랫집에 전해 드렸다.

3장

마음밭을 가꾸어준
대화의 조각들

··· Your Celine

미묘한 감각을 만드는 재미

"너 건방지구나."

친한 언니인 혜영이 교수님에게 이 말을 들은 건 학부생 시절이었다. 동양화를 전공한 그녀는 화실에서 큰 캔버스 앞에 앉아 그림을 그리는 것이 일상이었다. 그림에는 순서라는 것이 있다. 성인의 키와 얼추 비슷한 크기의 캔버스에 연필로 드로잉을 하고, 그다음에 색을 칠해야 한다. 드로잉은 연필 하나로 하나의 선을 긋는 반면, 채색에 필요한 재료와 방법은 매우 다양하다. 그러니 색을 칠하는 게 훨씬 흥미로운 순서였다. 그에 이르기까지 며칠 내내 끝없이 연필로 선을 만들어 가는 과정이 따분하게 느껴졌다. 팔짱을 끼고 곁에 다가온 교수님에게 그녀는 투정하듯 말했다.

"교수님, 저 드로잉이 재미 없어요."

그러자 교수님은 잠시 말을 아끼더니 딱 한마디를 던졌다.

"너 건방지구나."

그리고 정적이 흘렀다. 가볍게 던진 재미 없다는 한마디에 자신의 태도가 적나라하게 전해졌고, 건방지다는 한마디에 얼마나 많은 가르침이 생략되었는지 감히 가늠이 되지 않았다. 그 순간 그녀는 강렬한 수치심을 느꼈다. 몇십 년간 그림을 반복해서 그리고 가르쳐온 교수님 앞에서 고작 몇 개월 캔버스 드로잉을 해놓고, 재미를 논하게 된 사실이 부끄러웠다. 드로잉은 곧 기본을 의미하기 때문이다. 그날 이후 그녀는 작가로서 가져갈 유일한 덕목을 '건방짐을 이겨내는 반복'으로 삼게 되었다고 고백했다.

그녀는 자신의 롤모델인 폴 세잔에 대해 이야기했다. 세잔은 사과 하나를 40년 동안 그릴 끈기를 가지고 있었다고 한다. 그는 같은 정물을 미친 듯이 그리고 또 그린 결과, 소멸한 이후에도 세계를 감동시키는 작품을 만들어 냈다. 처음 열 장까지는 똑같은 그림처럼 느껴져도 몇백 장을 쌓아보면 길이 보이기 시작한다고 한다. 여기에서 멈추지 않고 계속 파면, 길이 바뀌기도 하는 것이다. 그것은 화가로서 미묘한 감각을 알아차리는 능력이다.

미묘한 감각이란 무엇인가, 바로 그 인물의 내공과 정체성이 단단하게 뭉쳐서 만들어지는 기본기라고도 할 수 있다. 한 분야에서 기본을 갖추기 위해서는 수없이 많은 반복의 축적이 필요하다. 우리 모두는 각자의 캔버스 위에 그림을 그려가고 있다. 자신이 하고 있는 일의 기본은 무엇인가. 그리고 또 기본에 대해 얼마나 연구하고 충실하게 반복했는가. 무언가에 탁월해지기 전까지는 재미를 판단하기에 이르다. 그것은 일종의 자만이기도 하다. 자신의 분야에 능숙한 사람으로 보이기까지 거쳐 온 지독하리만치 고독한 반복의 시간을 들여다볼 줄 알아야 한다.

사유를 위한 동력

　얼핏 봐도 내면이 단단해 보이는 사람은 보이지 않는 곳에서 비범한 노력을 하고 있다. 밝은 사람도 마찬가지다. 태어날 때부터 밝은 것이 아니라 남들보다 잦은 빈도로 부지런히 가라앉는 에너지를 승화시킨다. 그래서 그들은 혼자 있을 때 가라앉는 에너지를 조용히 다룬다. 감정이 한 번씩 고꾸라지는 건 인간이라면 누구에게나 일어나는 일이다. 이때 빠르게 털고 일어나는 힘을 가진 사람을 내면이 단단한 사람이라고 한다. 넘어지지 않는 사람이 결코 아니다.

다시 일어나는 힘을 '자기 회복력' 또는 '회복탄력성'이라고도 한다. 오히려 넘어지지 않으려고 기를 쓰고 버티거나 무리하는 건 바보 같은 일이다. 그만큼 스스로와 타인이 보기에 미련하고 안쓰러운 일도 없다. 잘 넘어지는 것도 중요하다. 몸이 한 번씩 보내는 '쉬어주면 좋겠어'라는 마지막 신호이기 때문이다.

　　이러한 주기가 짧지 않고, 넘어져도 금세 일어나는 사람들의 특징은 '나와 대화하는 시간이 많다는 것'이다. 내가 평소에 어떤 생각을 가지고 사는지, 요즘 기분은 어떤지 무엇을 향해 가고 있는지, 어떤 것이 나의 기쁨 혹은 고통인지, 오늘 몸 상태는 어떠한지, 잊고 사는 것은 무엇인지. 반대로 잊지 못하는 것은 또 무엇인지, 부모님이나 사랑하는 사람들과 얼마큼 대화하고 있는지, 음식은 잘 챙겨 먹는지, 운동은 하고 있는지, 오롯이 나에게 성공의 의미는 무엇인지, 미련한 욕심을 내고 있지는 않은지, 마음껏 욕망하고 있는지, 무엇이 나를 웃게 하는지, 얼마나 웃었는지, 적절히 화를 내고 있는지, 사랑을 표현하고 있는지, 무엇을 참고 있는지, 외로움과 잘 지내고 있는지 등등.

여기에서 한 가지 빠진 것이 있다. 물음표다. 나와의 대화는 모두 의문문으로 진행되어야 한다. 그래야 대화가 된다. 하루에도 스쳐 가는 수백만 개의 생각은 모두 읊조림에 가깝다. 어떤 생각을 하고 사는지 하루만 지나도 아니 반나절만 지나도 기억이 나지 않는 이유이다. 눈앞의 상대가 일방적으로 자신의 말만 끊임없이 전하고 나에게 질문하지 않는다면 건강한 대화가 일어나지 않는다. 그저 나에게 배출하는 문장일 뿐이다. 서로 오고 가는 감정의 대화는 적절한 질문에서 시작된다. 스스로와 내화하는 것도 마찬가지이다. 이것이 습관이 되지 않거나 살면서 한 번도 스스로에게 질문해 본 적이 없는 사람들은 낯설게 느껴지는 게 당연하다. 때로는 힘들기도 할 것이다.

질문은 곧 관성의 탈피이자 불편한 일이다. 그래서 나에게 잦은 질문을 던지는 사람은 용감한 사람이다. '지금 내가 틀릴 수 있음'을 전제하는 행동이기 때문이다. 마치 나는 강하다며 병원에 가지 않겠다고 고집하던 옛 어른들이 노인이 되어 건강검진을 가장 무서워하는 것과 비슷하다. 혹시나 잘못된 결과를 마주할까 두려운 것이다. 그동안의 건강을 부정당하고 좌절하고 싶지 않은 마음과 비슷하다.

마음의 건강검진은 '질문'이고 검진 결과는 '답변'이다. 질문과 답을 오가다 보면 잊고 있던 것을 깨닫게 되고, 삶의 방향을 또렷하게 만들어 가게 된다. 선택과 집중을 효율적으로 하게 되는 힘을 기른다. 그야말로 '사유하는 힘'이다. 이를 사력이라고 한다면, 그 이전에 동력이 필요하다. 움직이는 힘 말이다. 이는 일상에서 조금 더 생각하기로 마음먹는 것에서 시작한다면 분명 어려울 수밖에 없다. 기준이 없기 때문이다. 생각하는 시간을 만들고 온전히 그 시간을 생각이라는 행동을 위해 사용해야 한다.

나는 하루를 시작하기 전과 잠에 들기 전, 5분 동안 다이어리를 펼친다. 아침에는 일어나자마자 머릿속을 뛰어다니는 생각들을 붙잡아서 글로 옮긴다. 그리고 요즘의 마음을 담담히 풀어낸다. 자기 전에는 오늘 어떤 감정 들고 함께했는지, 또 어떤 것을 배우고 어떤 것을 놓쳤는지 등을 쓴다. 말하자면 오늘의 후기를 남기는 것이다. 10년 넘게 짧은 일기를 쓰면서 매일 나와 대화하는 10분의 시간만큼은 절대 양보하지 않고 소유한다.

무엇보다 손으로 글을 쓰는 행위는 몸과 마음을 가지런히 만든다. 마음을 손으로 번역하고 눈으로 확인하는 일이기 때문이다. 손으로 천천히 글자를 쓰는 것은 문장력을 키우는 방식이고, 전자기기로 타이핑을 하는 것은 빠르게 아이디어를 얻는 방식이라고 한다. 생각해 보면 내가 처음 글쓰기에 재미를 붙인 것도 PD 지망생들의 작문 스터디에 예능 PD 지망생으로 잠복(?)해서 원고지에 한 시간 동안 창작 글을 써 내려간 것이었다. 글쓰기 능력이 절실한 사람들이 모여 있는 곳에 가면, 저절로 글이 늘 거라는 생각 때문이었다.

그 첫날이 아직도 생생히 기억난다. 초반 40분 동안 첫 문장을 쓰지 못했다. 샤프를 쥐고 있는 손에서 땀이 흘렀다. 창작하는 글이 무서웠다. 사회학과를 전공한 덕분에 시험 기간마다 거대한 종이에 긴 글을 써내려가는 것은 익숙했지만, 그것은 온전한 내면의 사유에서 나온 글이 아니었기 때문이다. 하지만 재밌는 사실은, 작문 스터디의 회차가 진행될수록 그 시간이 소중해졌

다는 것이다. 고요함 속에 종이에 글자를 또독또독 써
내려가는 소리만이 가득했고, 내면에 몰입하는 순간 느
껴지는 온화한 카타르시스가 인상적이었다. 지금은 책
상을 넘어가는 크기의 원고지에 글을 쓸 만큼의 열정은
잃어버리게 되었지만, 조각 같은 몰입의 감정을 매일
10분간 일기를 쓰면서 느낀다.

　오랜 시간을 보냈음에도 아직 나와 친하지 않다면,
나와의 대화는 이르면 이를수록 좋다. 용기 있는 질문
들이 공허함을 줄이는 예방주사가 되어줄 것이다. 먼
저 아주 작은 시간을 정하고, 종이를 가까이하는 것이
시작이다. 종이를 추천하는 이유는 하나다. 노트북으
로 타이핑을 하는 것에 비해 종이에 쓰는 행위가 보다
오래 걸리고, 지우는 것은 더 오래 걸린다. 그렇기에 더
오래 사유하게 만든다. 우리는 때때로 너무 빠르게 생
각하고 너무 빠르게 잊어버린다.

낭만은 모든 걸 해결해

적당한 낭만은 까슬거리는 현실을 문질러준다. 친한 언니가 새로운 남자친구가 생겼다고 한다.

"정말? 그 사람의 어떤 점이 좋았어?"

언니는 잠시 그를 떠올리더니 답했다.

"인생에 낭만이 많아."

인생이 낭만이 많다라…. 언니의 표현에 의하면 그는 세상의 모든 순간을 곡해 없이 받아들이는 능력이 있었다. 혹은 오히려 낯선 상황을 만들어서 평범한 순간도 추억으로 치환해 버리는 피터 팬 같은 사람이었다. 이를테면 비가 내리는 날 축축하게 젖어버린 겉옷을 털며 "아… 다 젖어버렸네"라고 말하는 지극히 현실적인 언니에게 "같이 비 맞는 거 너무 좋다!"라고 해맑게 웃는 사람이었다. 또 계획한 일들이 모두 뒤틀려서 다소 삐걱거리는 데이트를 하는 순간에도 "이것도 나름 낭만 있다. 그치?"라며 환하게 웃는, 우울의 진흙에 깊이 빠져들지 않는 사람이기도 했다. 그래서 언니는 현실을 더 현미경처럼 들여다보는 언니와 정반대의 낭만파 남자에게 호감을 갖게 된 것이었다. 온실 속에서 자란 것 같았던 그는 십 대 후반부터 일을 하며 누구보다 삶에 충실한 사람이었다. 그의 모든 동기부여는 삶의 낭만이었던 것이다. 지금 이 순간을 있는 그대로, 혹은 더 예쁘게 보고 싶은 마음이 들었을 때마다 '낭만'이라는 단어를 꺼냈다.

낭만의 정의는 다음과 같다. '현실에 매이지 않고 감상적이고 이상적으로 사물을 대하는 태도나 심리. 또는 그런 분위기.' 여기서 포인트는 현실에 매이지 않는 태도이다. 모두 각자의 삶에 최선을 다해서 임하고, 적당한 포기와 희생을 버무린다. 다만 현실에 지독히 매이는 순간 삶을 감상하는 태도를 잃어버리게 된다. 날씨의 변화에 둔감해지고, 감탄하는 시간이 줄어들게 된다. 그런 순간들이 반복되면 '나는 누구인가?'라는 본질적 질문이 툭 하고 떨어지게 된다. 마음이 풍요로워야 보이는 것이 풍요로워진다. 언젠가 다가올 행복을 상상하며 건조한 오늘을 정당화하는 일이 습관이 되지 않으려면, 삶의 낭만을 감상하는 태도를 지녀야 한다.

지나고 나서야 그때가 너무도 아련한 낭만이었음을 아프게 깨닫는 순간이 있다. 교복을 입었던 학창 시절, 캠퍼스를 거니는 20대 초반 대학 시절, 신입사원의 패기 넘치는 출근길, 그리고 그 외의 숱한 시간. 왜 그때는 그걸 몰랐을까. 왜 그때는 그렇게 힘들어하기만 했을까. 조금 더 행복해도 괜찮았는데. 조금 더 많이 웃어도 괜찮았는데. 모든 날이 예쁜 하루였는데. 그때 "낭만 있다"라는 말을 할 줄 알았더라면 조금은 덜 아쉬울 텐데. 누구에게나 그런 순간이 있다.

그러다 보면 깨닫게 된다. 지금 숨 쉬고 있는 이 순간이 결국 낭만의 종착지라는 것을. 쉽사리 현실의 매듭에서 벗어나지 못하겠다면, 주입하는 연습이라도 해야 한다. '낭만'이라는 단어를 입 밖으로 내뱉어 봐야 한다. 특별한 것이 아니다. 지금을 감상하는 태도가 곧 낭만이다. 감상하기 위해서는 최대한 뒤로 물러나야 한다. 한 발짝, 두 발짝 삶을 관찰이 아닌 감상하는 마음으로 멀리 바라보자. 작은 것에 예민하게 흔들리지 않게 된다. 모든 것이 순간의 점처럼 보인다. 멀리 바라보는 시야로 인해 너그러워진다. 그렇게 편안해진다. 아무리 힘든 순간에도 낭만이 곁에 앉을 자리를 남겨두어야 한다.

겸손할 자격

성실함을 가진 인물 중에 숭고하지 않은 삶은 없다. 나는 삶에 두드려 맞는 듯한 기분이 들었을 때 무작정 밖으로 나가서 걷는 습성이 있다. 대체로 뻥 뚫린 대로변보다는 골목골목을 발끝 가는 대로 걷는다. 그러면 보이는 것들이 있다. 어림잡아 40년 정도 된 듯한 세탁소 창문 뒤로 증기를 뿜으며 다리미질을 하는 사장님, 언제 올지 모르는 손님을 위해 계란빵을 굽는 포장마차 아주머니, 와자지껄 아이들을 봉고차에 태우는 태권도 선생님. 그 찰나의 순간들이 곧 '삶'임을 깨닫는다. 모두는 그렇게 성실하고 때론 고독하게 삶을 만들어 가고 있다. 나를 겸손하게 혹은 겸허하게 만드는 건 낯선 이들의 땀 냄새였다.

하지만 때론 '주입식 자만'이 필요하다고 생각한다. 겸손이 몸에 배어버린 건 썩 좋은 상황은 아니다. 자발적 칭찬에 인색해지기 때문이다. 타인에게 불쾌감을 줄 만한 자만은 불필요하지만, 나에게 자신감을 줄 자만은 남겨두어야 한다. 보상이 있어야 동기가 생긴다. 물질적 보상보다 더 효과적인 것이 언어적 보상이다. 언어는 곧 감정을 선택하기 때문이다. 좋은 성과를 냈을 때는 아낌없이 칭찬하고 때로는 자아도취를 해도 괜찮다. '너 이렇게 잘해도 되는 거야?' '너무 멋지잖아!' '기특한 놈(?)'이라고 말이다. 스스로를 안아주는 능력이 없는 사람은 타인에게도 아쉽게 빛나고 만다. 결국 사랑은 안에서 시작된다. 겸손은 나를 낮추는 것이 아닌 나를 인정하는 것이라고 한다. 있는 그대로, 좋은 일은 아낌없이 칭찬해 주자. 내가 나의 가치를 값지게 알아주지 못하면, 절대 그 이상의 대접을 받을 수 없다. 온몸의 언어로 '그 정도'의 가치만 풍기기 때문이다.

식물과 동물을 키우기 시작한 사람들이 가장 먼저 변화하는 것은 바로 '언어'다. 일상에 침투한 무해한 대상에게 낯선 언어를 쓰게 된다. 무뚝뚝한 아버지가 집에만 오면 '아이코, 예쁘다' '누구 닮아서 이렇게 귀여워~?' '사랑해' 같은 말들을 하기 시작했다는 이야기를 종종 듣는다. 반려동물이나 식물을 키웠을 때 집안 분위기가 훨씬 좋아졌다는 사례도 숱하다. 이처럼 공간의 언어가 변화하면 관계도 그에 맞게 변화한다.

내가 나에게 하는 말도 똑같다. 평소에 스스로 어떤 말들을 던지는지 돌이켜보면, 나를 대하는 태도를 유추해 볼 수 있다. 자존감은 특별한 게 아니다. 평소에 내가 나를 대하는 태도다. 말과 생각으로 나에게 하는 언어를 바꾸는 게 어렵다면, 글로 적어 보는 것을 추천한다. 종이에 나를 칭찬하는 일기를 적어 보면, 더 꼼꼼하게 칭찬할 수 있다. 나만의 공간에서는 마음껏 자만해도 괜찮다. 스스로가 귀여워질 때까지 말이다. 나를 인정해야, 겸손할 자격이 주어진다.

물도 셀프, 인생도 셀프

과거로 돌아가고 싶다는 생각은 해본 적이 없다. 그러나 딱 1분, 그 순간에 머무를 수 있다면 고등학교 2학년의 2교시 쉬는 시간이었으면 좋겠다. 아주 오랜 기억이지만 여전히 생생하다. 적당히 아침의 풋내는 사라졌지만 아직 점심시간까지는 수업이 두 번이나 남아 있어 가장 순수하게 쉬는 시간을 즐길 수 있었다. 열려 있는 창문에서 불어오는 바람에 이따금 교실의 중턱까지 펄럭이는 커튼과 예상치 못하게 책상 사이를 뛰어다니는 남자아이들. 교실 한구석 거울 앞에 모여서 뭐가 그렇게 즐거운지 한 손에 틴트를 쥐고 수다를 떠는 여자아이들. 뒷문에서 "야, 윤수빈!"이라고 부르는 소리에 돌아보면 환하게 웃으며 나오라는 손짓을 하는 옆 반 친구. 과거의 나는 평범함의 절정에 있는 그 순간 알았다. 지금이 언젠가는 가장 그리운 장면이 될 것이라는 사실을. 그럴 때마다 아득해지곤 했다. 당시는 매일이 찍어낸 듯 비슷한 하루들이었기 때문이다. 이 삶이 어떻게 바뀔지 가늠이 되지 않았다. 하지만 이제야 알았다. 그 순간에도 모든 인물은 다른 상상과 행동을 하고 있었다.

이따금 재미있는 상상을 하기도 했다. '10년 뒤에는 모두 어떻게 살고 있을까? 저 친구는 분명 돈은 많지 않아도 가장 행복한 어른이 될 거야. 저 친구는 동네 병원에서 어르신들에게 사랑받는 의사가 되겠지? 저 친구는 왠지 공무원을 하다가 5년 차에 사직서를 내고 생각지도 못한 재밌는 일을 하지 않을까?'

그렇게 지금, 10년이 더 지났다. 같은 반에 있던 아이들의 삶을 모두 알 수는 없지만 종종 들려오는 소문 혹은 소식에 놀라지 않을 수 없었다. 지겹도록 PC방에서 롤 게임을 하던 해맑은 친구는 국제대회 프로게이머 팀 매니저가 되었고, 유난히 눈치가 빠르던 친구는 간호사가 되었다. 교대에 가서 초등학교 교사를 꿈꾸던 친구는 고등학교 교사가 되어 내년 수업계획서를 준비하고 있다. 내 눈에는 아직도 학생인데 말이다. 그중 가장 예상치 못한 삶을 살고 있는 건 나였다. 글을 쓰고 영상을 만들고 사람들 앞에서 말하는 사람이 될 줄은 나도 몰랐다. 십몇 년 만에 만난 중학교 담임 선생님은 '그동안 가르친 제자 중에서 네가 제일 예상치 못했다'고 말씀하셨다. 혼자만의 생각은 아니었나 보다. 앞으로도 나의 삶은 예측할 수 없이 흘러갈 것으로 예측된다.

지코의 ＜Artist＞라는 노래에 이런 가사가 있다.

남이 재단할 수 없어
내 인생은 내가 디자인해
시선 빼 그러다 목에 담 와
손에 잡히지 않는 건 다 놔
구색 따윈 갖추지 말자

나는 이 두 번째 문장에서 내 삶의 가치관을 관통당했다. 내 인생은 내가 디자인해야 한다. '누구도 내 삶을 대신 살아주지 않는다.' 언젠가 책에서 이 잔인하고 아름다운 문장을 읽은 뒤로 머릿속에 강렬히 자리 잡았다. 인생은 셀프구나. 그렇다면 원하는 삶을 그리는 환상을 가져봐야겠다고 다짐했다. 그 당시에는 환상인 줄만 알았다. 1년, 2년, 10년을 지나오니 지금 말하는 '가장 의외의 일'들을 사실은 계속해 오고 있었다는 걸 깨달았다. 너무 사소해서 눈치채지 못했을 뿐.

이를테면 학창 시절 이면지에 툭하면 낙서 같은 그림을 그렸다. 옆 반에서 미대를 준비한다는 아이가 쉬는 시간에 우리 반에 와서 그 낙서를 보더니 코웃음을 치며 '뭐야, ×밥이네'라며 내 것인 줄도 모르고 내 앞에서 말했다. 순간 뭐라고 할 수 없었다. 진짜 별로였기 때문이다. 그럼에도 10년간 계속 끄적이듯 그렸다. 잘하고 싶은 마음은 아니었다. 그리는 순간이 편안함을 주었을 뿐이다. 아직도 서툴지만 누군가는 내 그림을 액자에 걸어놓는다고 한다. 또 어릴 적부터 속상한 일이나 기쁜 일들은 모두 일기장에 털어놓았다. 연필, 샤프, 볼펜으로 도구가 바뀌어갈 뿐 어딘가에 기록하고 싶은 마음은 그대로였다. 숨어서 써서 몰랐다. 그걸 20

권이 넘는 낡은 노트를 보고 알았다. 모든 것은 시간이 쌓인 뒤에야 수면 위로 드러난다는 것을.

굳이 드러내려 하지 않았기 때문에, 아니 내가 꾸준한지도 몰랐기에 구색을 갖출 필요도 없었다. 그 일들을 드러내는 게 일이 된 현재는 애써 보이기 위한 구색을 갖추는 것을 경계한다. 사람들의 시선에 일희일비하지 않으려 노력한다. 쉬운 일은 아니다. 하지만 늘 마음에서 편안함이 우러나오는지를 점검한다. 마음이 따르지 않는 일은 포기하는 용기가 필요하다.

인간은 모두 창작가다. 태어나는 순간 기록되고, 기록한다. 누구도 내 인생을 대신 살아줄 수 없다면, 내가 가장 원하는 그림을 그려볼 용기를 내어볼 만하지 않을까. 적어도 내가 원치 않은 그림에 내 이름을 적어야 하는 비극은 없기를 바란다.

원하는 그림이 그려지지 않았다면, 다시 그리면 된다. 나는 새로 쓴 노트가 수없이 많아서, 완성되지 못한 노트를 버리고 또 버렸다. 언제가 될지 모르지만 앞으로도 버리게 될 예정이다. 불과 몇 개월 전 적었던 일들과 그려왔던 그림들이 지금 보면 하찮고 흥미 없게 느껴질 수도 있다. 아무렴 어떤가. 다음 그림은 분명 마음에 들 것이다.

새로운 꿈을 사랑하는 게
두려웠을까

　음악을 소중하게 다루게 된 건 언제부터였을까. 엄마가 회사 경품으로 받은 검지손가락만 한 빨간색의 YEPP MP3를 쥐여 주었을 때가 시작인 것 같다. 열다섯 살 때 유료 음원을 다운로드할 수 없어 포쉐어드에 있는 음악들을 뒤지고 뒤져서 원본 음원을 발견하면 보석을 캔 듯 기쁘게 다운받았다. 아마도 이때가 음악을 소유했던 마지막 시대였다. 아니면 어디에도 위로받지 못해 위태로웠던 날 꼿꼿하게 걸어 다니다가 지하철에서 듣던 가사 한 줄에 하염없이 축축해져 버린 소매로 얼굴을 훔치던 날이었을까. 또 아니면 도무지 서사를 알 수 없는 가사들에 열광하는 대중들의 반응에 더 알 수 없는 이유로 부끄러웠을 때였을까.

비트나 멜로디를 기반으로 하는 노래들이 대중적인 인기를 얻는 요즘은, 가사에 온전히 젖어드는 노래가 상대적으로 적은 것 또한 사실이다. 어떠한 노래는 노련한 가수들이 자신만의 감정과 호흡으로 가사를 읊어주었을 때 텍스트에서는 전해지지 않는 전율이 생긴다. 나에겐 소설보다 더 문학적 카타르시스를 느끼는 창구였다. 때론 작사 작곡을 직접 하는 싱어송라이터들의 노래는 음성 편지를 듣는 것 같다. 개인적인 취향으로는 늘 강한 비트의 히트곡을 내는 아이돌 가수가 트랙 뒤에 숨어 있는 수록곡에서 가사를 자신의 이야기인 듯 읊어줄 때 새로운 매력을 알게 되는 순간을 즐긴다.

늘 노랫말에 예민했던 나는 자연스레 작사를 하고 싶어 했다. 2020년 12월 4일, 나의 기본 메모장에 작사가라는 단어가 등장했다. 이후 3년간 메모장에는 꾸준하고 구체적으로 '작사'라는 단어가 쓰여 있었다. 그렇게 3년이나 지난 줄은 정말 몰랐다. 바쁘다는 말은 핑계였다. 지나 보니 그 문을 열어보는 게 무서웠던 거였다. 그때부터 주변에 말을 하기 시작했다. "저 작사가 하고 싶어요"라고 말이다. 정확히는 '작사도' 하고 싶은 거지만.

하고 싶은 일이 많아서, 재미를 줄 일들이 많아서, 아마 이번 생은 게으르긴 힘들 것이다. 만나는 사람마다 나에게 설렘을 줄 것 같은 일에 대해 말하니 그들은 모두 같은 반응을 보였다. 농도는 달랐지만 같이 설레는 표정을 보였다. "너 정말 잘할 거야. 일단 해봐!" 혹은 "나도 요즘 새로 하고 싶은 게 있는데. 너무 설레지 않아?"와 같이 말이다. 하고 싶은 것들을 설레는 마음으로 고백하는 대화는 실존하는 용기를 불어넣어 준다. 정확히는 시작할 용기 말이다. 지금까지 여러 방법으로 용기를 만들었지만, 소문을 내는 게 가벼운 시작을 만드는 것에 아주 유용하다는 걸 이번 기회에 알게 되었다. 2023년 11월 4일, 처음으로 작사가 학원 강의실 문을 들어갔다.

어른이 되어
학원을 스스로 다니는 기분

작사 학원 두 번째 수업. 지난주보다는 제법 익숙해진 발걸음으로 강의실을 들어섰다. 맨 뒷자리 의자를 뒤로 빼었다. 가방을 올려놓았다가 숨을 한번 쉬고 다시 들어 올렸다. 선생님의 옆자리로 가방을 옮겼다. 나에게는 이 두어 시간이 너무도 소중했고, 그 애정을 태도로 보상하고 싶었다. 내가 할 수 있는 최대한의 움직임은 모두가 멀찍이 앉을 때 선생님의 옆으로 다가가는 것이었다. 작사 학원의 강의실은 어릴 적 숱하게 드나들었던 아나운서 학원 강의실과 굉장히 유사했다. 일반적인 학원 강의실은 칠판 앞에 선생님의 자리가 있고,

그를 마주 보는 학생들의 좌석이 한 개씩 떨어져서 배치되어 있는 꼴이다. 하지만 이곳은 'ㄷ'자 형태로 긴 책상이 이어져 있다. 짧은 허리 부분이 선생님의 자리다. 학생들은 서로를 마주 보고 앉는다. 서로의 모습을 보아야 하며 대화가 중요한 수업에서는 최적의 구조이다.

나는 갓 시작한 병아리 초급반이다. 초급반에서는 주로 작사에 대한 이론을 배운다. 나름 꾸준히 글을 써오고, 시간이 지나 보니 책도 출간한 작가가 되었지만. 작사에 대해 약 4시간 정도 체험한 사람으로서 느낀 바, 작사는 그동안 내가 써왔던 글쓰기가 아니었다. 마치 글을 디자인하는 화가처럼 느껴졌다. 지금까지의 글쓰기가 캔버스가 없는 넓은 공간에 이야기를 써 내려가는 것이었다면 작사는 정해진 크기의 캔버스 혹은 선이 분명한 드로잉북 위에 가장 잘 어울리는 색깔을 채워 넣는 작업 같았다. 숙련된 작사가는 똑같은 드로잉북 위에 그러데이션을 넣고 점묘법을 활용할 줄 아는 것이다. 표현의 범위는 정해져 있으니, 그 안에서 깊이를 다투는 것이었다.

글쓰기로 생각의 매듭을 푸는 과정에서 종종 희열

을 느끼는 나에게 작사는 또 다른 즐거움으로 다가왔다. 글이라는 날카로운 도구로 음악 안에 숨어 있는 가장 세밀한 것들을 조각하는 작업인 듯했다. 그러니까, 글의 주체가 내가 아닌 것이다. 조각가 혹은 탐정이었다. 선생님은 여러 번 강조해서 말했다. **작사할 때 가장 필요한 태도는 나의 취향이 아닌 대중의 취향을 파악하는 것이라고.** 더 정확히는 '곡의 느낌'을 찾아내는 것이라고 했다.

때로는 눈동자 앞에 거울을 둔 듯, 내 모습 속에서 벗어나지 못하는 경우가 있다. 내가 숨 쉬는 삶에서 표현이 벗어나지 않는 것이다. 가사를 만드는 일은 내가 아닌 타인의 삶에 거울을 비춰야 가능하다. 그러나 타인의 삶에 거울을 비춘다 해도 보는 것은 눈의 역할이다. 때문에 가사에는 표절 사고가 거의 일어나지 않는다고 한다. 같은 곡과 느낌을 가졌다고 해도 표현하는 몸체가 다르기 때문이다. 여러 개의 눈과 여러 개의 마음을 갖는 일이 흥미를 나풀나풀 자극한다.

어른이 되어 학원을 스스로 다니는 기분을 표현하

자면 새로운 세계로 연결되는 뿌연 설렘이다. 수업 시간 순간순간 오묘한 기분이 들었다. 수업을 듣는 학생들은 모두 여성이었으며, 20대 중반에서 30대 중반 정도의 분포였다. 선생님이 글자 수를 잘못 세는 작은 실수를 했는데 아무도 말하지 않았다. 옆자리에 있던 나는 손을 들고 혹시 잘못된 것이 아닌지 물었다. 선생님은 "어이쿠, 제가 실수했네요"라고 하며 정정했다. 학생 중 몇몇은 그 사실을 알고 있었지만 선생님이 민망하실까 봐 일부러 말하지 않은 듯했다.

이렇듯 대체로 내향적 성향이 많은 듯했으나 성격과 생김새는 모두 달랐다. 각자의 생계의 모양이 달랐고, 이곳에 모인 욕망도 달랐다. 한 가지 같은 것은 시작하는 마음이었다. 어른이 되어서 스스로 학원비를 지불하고 학생이 되길 자처하는 기분을 함께 공유하고 있었다.

배움은 곧 새로운 세계로의 연결이자 용기이다. 주기적인 설렘을 주입하는 것은 삶의 깊은 활력소가 된다. 때때로 지루한 삶에 변주를 하고 싶다면 본능적으로 하고 싶은 영역을 학생의 태도로 탐험하는 것을 추천한다.

잘 사는 사람이 되고 싶어

　무언가를 사는 일은 늘 미세한 갈등으로 이뤄진다. 온전한 구매자로서 살아온 지 20년이 넘은 듯한데, 아직도 사는 것이 매번 서툴다. '이것이 과연 나에게 이로운 쓰임일 것인가'를 미간을 찌푸리며 고민한다. 인간은 소비하는 행위를 통해 많은 것을 증명한다. 자신의 취향, 필요, 더 나아가서 자아를 표현한다. 구매하는 행위를 의미하는 '산다'라는 말은 '살아가는 것'을 책임진다는 뜻에서 시작되지 않았을까.

　구매의 상당 범위는 필요보다 욕구에 의한 것이다. 사람 사는 것 다 비슷하다고 하지 않는가. 먹고 자는 데에 필요한 것들이 다분히 많긴 하지만 또 없으면 없는 대로 잘 살아간다. 필요보다는 삶의 '만족감'을 충족시키기 위해 명분을 만드는 소비가 상당하다. 그 만족감의 범위를 과도하게 넘는 순간 사치 혹은 낭비가 되는 것인데, 우리는 이 아슬아슬한 줄타기에서 자주 고뇌에 빠진다.

한 사람이 사용하는 브랜드로 그 사람을 알 수 있다. 나를 감싸고 있는 것들이 무엇인가. 혹은 옥죄고 있는 것은 무엇인가. 스윽 둘러본다. 2년 전 구매한 아이폰. 고등학생 때부터 휴대폰은 평균 4년을 사용했다. 스타벅스 텀블러. 고민될 때 어김없이 선택하는 메뉴인 밀크티를 텀블러에 담아서 구매하면 할인을 해주는 이벤트에 넘어갔다. 2년째 매일 들고 다니는 보부상을 위한 가죽 숄더백. 예쁜 미니 백이 있어도 물건을 들고 다닐 게 많아서 쓰지 못하는 보부상에게, 가방을 고르는 첫 번째 기준은 '쉽게 끈이 끊어지지 않는가'이다. 그 외에 추운 겨울에 수족냉증에서 구해줄 핫팩과 언제든 메모할 수 있는 필기구 등이 있다. 다소 집착처럼 메모를 하는 사람에게 필기구는 든든한 정신적 무기다. 가방 안 어떠한 물건을 찾으려 손을 허우적대다가 잡힐 때마다 목에 뿌려주는 프로폴리스 스프레이도 있다. 누군가 내 가방을 발견한다면, '말을 많이 하고 뭔가를 적어야 하는 인간'으로 생각할 것이다.

이런저런 물건들을 포스트잇처럼 몸에 접착했다가 떼어낸다. 20대 초반에 실험하듯 소비했던 물건들은 지금의 나에겐 고민 대상도 되지 않을 것들이 대부분이다. 절대 사지 않을 테니 말이다. 그 몇 년간의 탐구하는 소비가 쓰레기와 낭비를 만드는 일이었냐고 묻는다면 결코 의미 없는 일은 아니었다고 답할 것이다. 점차 탐구하는 소비의 범위가 줄어듦과 동시에 나에게 맞는 적합한 소비를 판단하는 능력이 증가했기 때문이다. 이를 빠르게 깨달을수록 낭비하듯 사는 일이 줄어든다. 삶이 담백해진다. 고민하는 마음이 줄어들고 적절히 보상하는 즐거움이 차오른다.

나는 아직까지도 완벽하고 적합한 소비에 다다르지 못한 듯하다. 여전히 기분이 우울할 때 몇 개월째 담아만 두고 고민하던 장바구니 속 물건으로 보상 소비를 한다. 다만 이유 없이 단순한 호기심으로 사는 일은 언제가부터 하지 않게 되었다. 신중히 고른 물건은 대체로 몇 년간 함께했기 때문이다. 기초적인 것들이 취향으로 자리를 잡으니 불필요한 소비를 하지 않게 되었다. 한 인간은 지구를 떠나는 날까지도 소비를 멈추지 않는다. 그러나 좋은 소비를 하기 위해 끊임없이 노력해야 한다. 보다 의미 있는 소비를 하는 방법은 무조건 사지 않는 것이 아니라 적합한 것을 구매해서 나를 가꾸듯 소중히 관리하는 것이다.

방황하는 계절

　삶의 허리에서 떳떳하게 방황하는 사람은 비로소 진짜 여행을 마주하게 된다. 우리는 정착지에서 벗어나야만 '여행'이라는 단어를 내어주곤 한다. 여행지가 정착지가 될 수도 있다는 굉장한 가능성을 보지 못한 채로 말이다. 모두가 잘하고 있다고, 다음 목적지가 어디냐며 치켜올려 주는 순간이 나는 가장 두려웠다. 방황하는 여행을 시작한 지 이미 오래였기 때문이다.

　순수한 흥미를 느낄 탐험지는 더 멀고 커다란 곳에 있음을 직감적으로 알았다. 다만 다음 탐험지를 위해 내가 무엇을 가지고 있는지, 무엇을 추구하는지 제대로 인지하는 시간이 필요했다.

그래서 스스로에게 목적 없는 쉼을 주기로 했다. 나의 기억이 살아 있는 초등학교 때부터 지금 이 순간까지, 단 한 번도 쉼을 위한 장기 휴가가 없었음을 알게 되었다. 늘 무언가를 하는 삶이었다. 아무것도 하지 않는 시간은 결코 아무것도 아닌 것이 아니었다. 달리는 요령만이 유일했던 내게 멈추는 재미를 알려주는 과정이었다. 경주마에게 명상을 알려주는 것은 마치 강남역 인근 대로에서 호흡을 고르지 않고 걸어 다니는 군중들 사이에서 두 팔과 다리를 멈추는 일과 비슷하다. "왜 멈춰요?" "빨리 빨리 좀 갑시다!" "저 먼저 지나갈게요!"라고 한마디씩 중얼거리는 불특정 다수의 말들에 쉬이 흔들리지 않는 초연함도 필요하다.

처음에는 쉬는 것이 마냥 불편했다. 스스로에게 눈치가 보였기 때문이다. 마치 환자가 아닌데도 중환자실 한 자리를 차지하고 누워 있는 듯했다. 그때 의사가 들어와서 왼손으로 안경을 살짝 치켜올리며 말한다.

"아, 누워 계세요. 전치 4주입니다. 실족사고 방지를 위한 조치입니다. 속도 조절하세요. 열심히만 달리다 돌부리에 발을 헛디뎌서 응급실에 오는 환자들이 수두룩해요."

"선생님, 쉬어도 불편해요. 좋은 미래가 없을 것 같아요."

"좋은 미래가 뭔가요? 좋은 성과? 좋은 사람이 되는 건가요?"

"…"

"좋은 기분을 먼저 만드세요. 당신은 누구보다 근사한 사람이잖아요. 좋은 기분이 좋은 곳으로 데려다 줄 거예요."

그렇게 내 안에 심지가 단단한 의사와 미세하게 흔들리는 환자가 대화를 나누는 날이 여럿이었다.

마음에 드는 공간에 나를 데려가고, 아픈 곳을 각 병원을 돌아다니며 치료해 주었다. 미래의 존재하지 않는 시간을 핑계삼아 미루었던 '쓸데없는' 일들을 예약했다. 피곤하면 늦게 일어났고, 잠이 오면 일찍 잠들었다. 본가에 와서 엄마가 무던하게 차려주는 따뜻한 밥을 먹었다. 보고 싶은 사람들을 만나서 기억이 나지 않을 정도로 사소한 이야기들을 한참이나 나누었다. 도움을 줄 수 있는 사람들에게 고민을 떼어서 보여주었다. 움직이는 구름과 민들레잎 그리고 사람들의 표정을 오래 보았다. 나를 포함한 인간에게 인정받지 않아도 괜찮음을 인정하기로 했다. 이것이 내가 올봄에 한 일들이다.

쉼의 의미는 단순 멈춤이 아니다. 시각의 포용력을 낳는다. 평소에 보지 못했던 것들을 인지하게 되고, 이는 좋은 생각을 만들어 준다. 무엇을 위해서 골똘하게 기록하는 것이 아닌, 순수하게 감탄하는 감각들이 촘촘히 쌓이는 경험을 통해 나를 들여다보게 된다. 짧게 존재하는 것들을 풍요롭게 느끼기 위해서 멈춤의 미학을 음미하는 사람이 되어야 한다. 무엇보다 목적이 없어지는 순간에 가장 나에게 진실할 수 있기 때문이다.

어떤 삶을 살고 싶으세요?

"어떤 삶을 살고 싶으세요?"라고 누군가 나에게 물었을 때, "매 순간 성장하는 삶이요"라고 답했었다. 지금은 다르다. 매분 매초 성장하는 삶이 어느 순간 섬뜩하게 느껴졌다. 성장에 가장 잘 어울리는 글자는 '고통'이다. 성장통. 단순하게 어릴 적 겪었던 성장통만 생각해도 '이게 언제 끝나려나'라는 막연한 두려움이 있었다. 내 키는 173cm 이다. 한국 여성 평균 키인 159.6cm에 비교하면 큰 편에 속한다.

평소 키에 대해 생각하지 않고 살지만, 거리를 걸어가다 나보다 키가 큰 여성을 보면 사뭇 어색하다. 하지만 나는 중학교 2학년 때까지 키가 크지 않아 슬퍼하던 아이였다. 초등학교 저학년부터 무릎이 습관처럼 지끈 거려서 심할 때는 주저앉아 눈물을 찔끔 흘렸다. 키는 안 크면서 아프기만 한 게 억울했다. 중학교 2학년 겨울방학, 내 키는 12cm를 훌쩍 자랐다. 지금이야 감사한 순간이지만, 그때에는 하루에 2cm가 크는 날에 평균 키를 가뿐하게 넘기자 '여기서 더 커 버리면 안 되는데' 라는 생각도 했다. 성장통은 그런 것이다. 아픈 당시에는 눈에 보이지 않는 것. 하지만 그 고통은 분명히 결괏 값을 품고 있다. 그럼에도 변하지 않는 사실이 있다. 성장이 클수록 고통도 크다.

어른이 된 이후에 몸에 느껴지는 성장통은 없었으나, 점점 선택과 책임이 성장의 조건이 되어가며 마음의 성장통이 늘었다. 가장 거센 바람이 부는 순간에 인간은 버티는 힘으로 뿌리가 자라난다. 그리고 멈추지 않을 것 같은 바람이 비로소 잠잠해졌을 때 자신의 뿌리 깊이를 체감하게 되는 것이다. 부모님에게 사업을 하겠다며 일방적으로 자취를 통보하고 집을 나왔을 때, 나는 고통을 예상했다. 당장 월세도 없었기 때문이다.

고통을 기획했다는 말이 더 정확하겠다.

　말 그대로 예상이었을 뿐 실제로 닥쳐보니 현실은 더 칼날 같았다. 직접 겪어 보기 전, 나는 나를 믿었다. 아무리 거센 비바람이 몰아쳐도 꺾이지 않는 통나무라고 생각했다. 그땐 몰랐다. 너무 강직하면 부러진다는 것을. 한번 처참하게 부러지고 나니 인간이란 얼마나 깨지기 쉬운 존재인지 자각하게 되었다. 마음이 무너지니 몸을 움직일 수 없었고, 몸을 움직일 수 없으니 마음이 일어나기 힘들었다. 그 순간이 꽤 오랫동안 반복되었다. 두려웠다. 영원할 것만 같았기 때문이다.

　모든 이치가 그러하듯, 지나간다. 그리고 단단해진 나의 뿌리를 온전히 느꼈다. 사업이 성장했고 기존에 예상했던 수치보다 높은 성과들이 만들어졌다. 인간은 유약한 존재임을 깨달았을 때 비로소 강해진다. 버팀을 지나오니 성장이 있었다. 그래서 매 순간 성장하고 싶다는 건 어쩌면 매 순간 어려운 삶을 택하겠다는 말인지도 모른다. 성장이 불필요하다는 말이 아니다. 인간은 성장하며 존재한다. 하지만 평생을 성장의 속도나 정도에 혈안 될 필요는 없다는 것이다. 어느새 자라 있는 공원의 풀처럼, 때가 되면 피어나는 야생화처럼. 자신의 유약함을 인정하고 겸허히 성장하자. 안타깝지만 인간으로서 아프게 성장하는 순간은 필연적이다. 어쩌면 운 좋게 고통인지도 모르고 지나갈 수도 있다. 지나오니 언덕이었을지도 모른다. 그리곤 뒤늦게 예상치 못한 아픔이 몰려오는 경우도 있다. 이 모든 것을 하나의 인간으로서 통제할 수는 없겠지만 미래의 성장을 위해 현재의 고통을 억지로 주입하는 일은 자제하려 한다. 조금씩 반복하며, 주변을 살피다 보니 어느새 곧게 자라 있는 나무가 되겠다. 그렇게 나는 매 순간 폭발적인 성장을 좇는 삶보다 강인하고도 맑게 우상향하는 삶을 살고 싶다.

감성하고 싶으면 확대하세요

혹, 감성 사진을 찍고 싶지만 왠지 그런 감각은 날 때부터 내재되지 않은 채 태어난 듯한 기분이 드는 사람들에게 아주 간단한 꿀팁을 알려주려 한다. 첫째, 카메라를 켠다. 둘째, 집게손가락을 화면에 대고 늘린다. 셋째, 찍는다. '인스타 감성'이라는 말이 있을 정도로 젊은이들 사이에서는 '감성 사진'에 대한 동경심이 자자하다. 친구가 말했다.

"요즘 감성 사진은 확대하면 된대. 일단 당겨!"

생각해 보면 나도 어느샌가 사진을 찍을 때 적정한 거리를 두고 확대하는 걸 습관처럼 하고 있었다. 그런데 왜? 언젠가부터 잔뜩 확대한 사진들이 감성 사진이 되었을까.

국어사전에 '감성'을 검색해 본다.

[감성]
감성은 수동성을 내포한다는 점에서 인간의 한 유한성을 나타내는 반면, 인간과 세계를 잇는 원초적 유대로서 인간 생활의 기본적 영역을 열어 주는 역할을 한다.

'원초적 유대'라는 말이 눈에 띈다. 일상에서 지나칠 만한 감각이나 순간들을 원초적 감각을 되살릴 만한 언어나 자료물로 일깨우는 것이다. 그러니 확대한 사진에는 원거리에서 육안으로 보이는 정도의 넓은 시야에서 보기 어려운 부분들이 담겨 있다. 이를테면 의자 모서리의 마모된 정도라든지, 삐뚤삐뚤한 나뭇잎의 결, 음료에 담긴 얼음과 표면 사이에서 비치는 굴곡된 빛과 같은 것들. 지나칠 만한 시각적 감각을 살릴 수 있는 아주 간단하고 근사한 방법이다.

음식 사진은 또 어떤가. 평범한 순댓국도 확대해서 보는 순간 표면에 떠 있는 자글한 고기 기름과 새우젓, 싱싱한 부추, 순대 사이의 잘게 다져진 당근까지 음식의 원초적 재료와 정성들을 느껴볼 수 있다. 물론, 그런 것들을 하나하나 눈으로 뜯어보며 감상하는 이는 없을 테지만, 무의식의 감각이란 스쳐 가듯 느껴지는 것이다. 멀리 떨어져서 볼수록 더 많은 것을 보고 느낄 수 있다고 생각한다. 그래서 인간은 더 높은 곳, 더 넓은 곳을 볼 수 있는 전망대를 만들었다. 하지만 나는 장황함 속의 평범하고도 일상적인 디테일을 애정한다. 가까이 볼수록, 더 가까이 볼수록 느껴지는 것들도 무한하다.

전동카트를 타고 횡단보도를 건너는 요구르트 아주머니, 길가에서 한 손엔 콜라 슬러시를 다른 한 손엔 핸드폰을 들고 들여다보는 초등학생, 카페 한쪽 모퉁이에서 유모차 안에서 모빌을 만지작거리는 아기와 그 옆에서 허공을 바라보는 엄마. 나는 이런 순간들을 가까이 바라보고 싶어진다. 감성이 필요한 순간, 시각을 확대하자.

당신은 글과 어떤 사이인가요

　당신은 글과 어떤 사이인지 궁금하다. 그저 스쳤던 사이, 지친 하루 끝에도 만나는 연인 사이, 한 번쯤 다시 만나고픈 아쉬운 사이. 다양한 만남과 인연들이 있었을 테다. 글과 서먹한 사람이라면 한 번쯤은 용기 내어 친해져 보는 것도 좋다고 넌지시 말하고 싶다. 도무지 나와는 어울리지 않는 진지한 것 혹은 안정보단 졸음이 더 가깝다고 생각된다면 더욱더 말이다. 아무런 냄새가 없다고 느껴지는 일말의 푸념 같은 글들도 써 내려가다 보면 조용한 표지판이 된다.

처음에는 몰래 쓰는 글일수록 찌질하기 쉽다. 찌질한 건 용감하다. 잔인한 글과 친해지다 보면, 후련한 카타르시스가 스며든다. 사람들은 반짝이고 더 멋진 것들을 좇는 경향이 있지만 편안함을 느끼는 건 따로 있다. 아무도 보지 않는 공간, 지극히 개인적인 공간에서 안정감을 느끼는 순간에 우리는 대체로 찌질하다. 그리고 그 다분히 현실적이고 조금은 부끄러운 것들에서 해방감을 만끽한다.

그래서 큰 노력을 하지 않아도 주변의 사랑을 받는 사람들의 특징은 '부끄러움이 적다'는 것이다. 우스꽝스러운 행동을 곧잘 하면서 유쾌함을 주는 사람도 있고, 남들은 입 밖으로 차마 꺼내지 못한 미완성의 생각들을 툭툭 꺼내놓는 사람도 있다. 하지만 대체로는 찌질함에 용기 있는 사람들이 많지 않다. 나도 그렇다. 사람들 간에 만들어지는 공기의 흐름을 빠르게 파악하는 편이며 부끄러움도 은근히 많은 사람이다.

그래서 글은 재미있다. 현실에서는 어떠할지라도 글에는 누구나 흠뻑 찌질함에 빠져볼 수 있으니 말이다. 솔직함이 묻어난 글일수록 사랑받는다. 어설프게 멋을 부리는 글에는 티가 난다. 왠지 마음에 와닿지 않는 불편한 무언가가 느껴지기 마련이다. 사람을 만날 때와 비슷하다. 가면을 쓰고 있는 듯한 글은 오래가지 못한다. 글과 좋은 사이를 유지하려면 나를 기꺼이 내려놓아야 한다.

다른 이야기지만, 글과 끈질긴 사이인 사람들일수록 진지한 사람일 가능성이 크다. 진지함이라는 건 예전에는 재미를 모르는 그저 지루한 네모처럼 느껴졌다. 그런데 진지함이 있는 사람이야말로 그 안의 단단한 심지가 있다는 걸 요즘에서야 느낀다. 이전의 고루한 생각을 정정해야겠다. 진지함은 재미와 엄연히 다른 말이다. 최근에는 가수 장기하를 보고 감탄했다. 그는 진지함이 낳은 고유한 정체성을 과감하게 드러내면서도 퍼포먼스의 재미를 잃지 않는다. 그래서 사람들은 그의 음악과 무대에 열광하고 흥얼거린다.

애당초 진지함을 가지고 있는 사람들도 있겠지만, 애써 부정적인 것이라고 여겨 진지함을 감추고 있는 사람들도 적지 않다. 자신의 진지함을 다루는 시간으로 글을 쓰는 것만큼 좋은 게 있을까. 개인적인 소망으로 모두가 찌질하고 진지한 시간을 어렵지 않게 마주하길 바란다. 꼭 인생에서 심각한 사건이 있어야만 이런 감정들을 느끼는 게 아니다.

글이라는 건 소화할 땐 정신이 배부르고, 곱씹어 배출할 땐 마음이 단단해지는 듯하다. 글을 쓰며 자신의 진지함을 견고하게 드러내는 사람들을 존경한다. 유쾌하게 진지한 사람들은 그 이상으로.

능력치를 당장
최대로 끌어올리는 방법

기분이 안 좋을 때 하는 말이 있다.

"오늘 저주파야."

우연히 보게 된 한 영상에서 이 말을 만났다.

"성공하는 하루를 만들고 싶다면, 늘 높은 진동을 유지하세요."

정신 상태의 고주파를 유지하라는 것이었다. 늘 긍정의 기운을 최상으로 유지하라는 말이다. 우리가 하는 생각은 감정을 만들고 이 감정은 실제로 마음의 진동을 만든다. 저주파는 주변의 것을 깨부수지만, 고주파인 상태에서는 주변의 모든 것을 같은 진동으로 본다. 늘 긍정적인 상태를 유지해야만 주변에 긍정적인 일이 일어날 수 있다는 것이다. 낮은 진동을 깨는 것보다 중요한 건 높은 진동을 유지하는 것이다. 높은 진동에서는 영감이나 아이디어를 만들어 내기 때문에 낮은 진동에서 한 달 걸릴 일들을 한 시간 안에 끝낸다는 것이다.

우리가 내는 진동 자체가 긍정적인 일들을 주변에 만들고, 그 주변에 만들어지는 일들을 내가 잡아야 한다. 나는 이 말에 백번 공감한다. 나 또한 기분이 저주파로 내려가면 최선을 다해서 고주파로 만들기 위해 노력하는 편이다. 타인에 의해서나 의도치 않게 만들어진 안 좋은 기분에 나의 소중한 시간을 부정적으로 물들이는 게 너무 아깝다.

높은 진동을 만들기 위한 가장 쉬운 첫 번째 방법은 '감사하기'이다. 가짜가 아닌 진짜 감사를 해야 한다. 감사한 마음이 들지 않는 것까지 억지로 감사하면 안된다. 주변의 것을 찬찬히 생각해 보면 감사하지 않은 것들이 없다. '아침에 푹신한 이부자리에서 눈을 뜰 수 있는 것', '부모님과 맛있는 밥과 술을 함께할 수 있는 것', '내가 읽고 싶은 책을 편안하게 읽을 수 있는 여유가 있다는 것', '당장 내가 먹고 싶은 음식을 해 먹을 수 있는 재료가 냉장고에 있다는 것' 등 일상의 감사를 놓치지 말자.

두 번째 방법은 나 스스로를 제삼자의 입장이 되어서 본다. 한마디로 객관적 시각을 갖는 것이다. 부정적인 감정을 나와 분리시킴으로써 사라지게 해야 한다. 간단하게는 '나를 알아주면' 된다. 화가 나거나 짜증이 나는 일이 있다면 스스로에게 묻는다.

"왜 기분이 안 좋아?"

그리고 고민하고 답한다.

"이런 일 때문에 지금 짜증이 났구나."

내가 나를 알아주는 것만으로도 기분의 통제력이 달라진다.

여기에 나의 세 번째 방법을 더한다. 나는 내 기분이 저주파로 내려가면 우는 아이를 더 살피고 어르듯 나를 달랜다. 내가 좋아하는 것들, 기분이 좋아질 만한 방법들을 고민한다. 거창하지 않아도 좋다. 가장 좋은 건 새로운 환경으로 잠시나마 훌쩍 떠나는 거겠지만, 정해진

일상에서는 쉬운 일이 아니다. 내가 지금 가장 먹고 싶은 음식을 생각해 보고, 내가 귀여워할 만한 물건들을 생각한다. 마음이 편안해지는 장소도 좋다. 그렇게 가능한 선에서 나에게 선물할 수 있는 것들을 한다. 그리곤 생각한다. '지금 기분은 어때? 아까보다 좋아진 것 같은데? 이제 보니 별일 아니었네!'

나를 어르기에 성공하면 뿌듯한 기분마저 든다. 나를 챙기는 모습을 나도 보고 있다. 그렇게 사소한 기분 좋은 일들을 의도적으로 만들어 주면, 진동의 주파수가 서서히 올라오는 걸 느낄 수 있다. 내 기분은 내가 만들 수 있다.

축하하는 연습을 처방하기

바야흐로 모든 것이 풍요로운 시대가 되었다. 여기에서 풍요로움이란, 무언가에 흠뻑 빠질 수 있을 정도를 의미한다. 그것은 물질이기도 하고, 사람이기도 하고, 자극과 흥미 거리이기도 하다. 스마트폰을 사용하는 이상 SNS를 매일 이용하게 되는 것이 자연스럽다. 수많은 사람이 창작자가 되어 자신의 삶을 보여주고, 유튜브에는 무한한 이야기들이 넘쳐난다. 때로는 분별력과 선택권이 없는 상태에서 마주한 콘텐츠들에 잡아먹혀 풍요 속의 빈곤이 발생하기도 한다. 스마트폰을 쳐다보고 있는 나 자신과 스멀스멀 비교하게 되는 것이다. 내가 한 번이라도 상상했던 일을 너무 잘해 내고 있는 사람이거나, 이상적인 삶을 보여주고 있는 사람을 보게 되었을 때 질투심과 무력감이 동시에 커지며 순식간에 한 인간을 잡아먹는다. 그럴 때는 축하하는 연습을 처방해야 한다.

누군가 사소하거나 멋진 성과를 내면 아낌없이 축하해 주자. 말 그대로 "축하해!"라는 말을 바로 건네는 것이다. 가깝지 않은 사이라면 속으로 생각하는 것도 좋다. 어쩌면 그것은 나에게 하는 말이기도 하다. 좋아하지 않는 사람의 기쁜 소식을 들어도 축복하기로 했다. 그 사람과 나의 삶은 별개이며, 미운 사람이 잘 되는 것에 부당하다고 생각해 봐야 그 감정은 오롯이 나의 것이기 때문이다. 그렇게 생각하다 보면 미움의 존재감도 희미해진다. 그 모든 것이 온전한 나를 위한 것이다. 내가 하는 생각들이 곧 나를 만든다. 어떤 인물에게 좋은 소식이나 행운이 일어났다고 해서 나에게 일어날 행운이 사라지는 것이 아니다.

나의 첫 책 제목의 표현을 인용하자면, 우리 모두는 각자의 정원을 가꿔가는 중이다. 제로섬 게임이 아니라는 말이다. 그러니 그 인물의 정원에 피어난 꽃을 그대로 축하하면 된다. 그리고 마지막으로 그 에너지를 내 것으로 소화하면 될 일이다. 주변에 축하할 소식을 만들어 내는 사람이 있다는 것만으로도 감사한 일이다.

주변에 늘 좋은 에너지를 가진 사람들을 두어야 한다. 이를 활용해서 '나도 좋은 기운을 얻어서 잘해볼 수 있겠다'라는 태도를 가진 사람은 결국 자기만의 결과를 만들어 내며 주변에 진심 어린 축하를 받게 된다. 이 말의 의미를 알게 되면 질투나 비교와 같은 것들이 삶에서 사라질 것이다.

행복한 생명체가 되는 법

중학교 시절, 구립 도서관에 가면 맨 안쪽의 구석진 책장을 둘러보는 것을 좋아했다. 넓은 도서관 골목 사이를 지나다 보면 멀리서는 보이지 않는 문이 등장했다. 성인 남성은 살짝 허리를 숙여야 하는 정도의 층고였다. 중학교 3학년 때 키가 벌써 165cm 정도였던 나에게는 딱 알맞은 높이였다. 낮은 천장과 바닥을 딱 채우는 낡은 책장들이 가득했다. 낮은 조도와 좁은 공간이 나를 안아주는 듯한 느낌을 받았다. 그 공간에는 인문학과 문학에 대한 책이 많았다.

작은 창문이 만든 습한 공간은 오래된 책들의 눅진

한 냄새를 더욱 증폭시켰다. 내가 서점에 갈 때마다 '행복'에 대한 책 제목 앞에서 멈추게 된 것은 그때부터였다. 어릴 적부터 행복에 대해 궁금한 것이 많았기 때문이다. 어떨 땐 공평한 감정 같기도 했지만, 또 어떨 땐 너무도 사치스러운 것으로 느껴졌다. 때로는 행복을 충만하게 느끼는 순간이 가장 슬펐다. 언젠가는 사라질 것이라는 걸 알아버린 것이다.

앙드레 지드의 『지상의 양식』에서는 '현존'에 대해 이야기한다. 현재만이 유일하게 존재하는 것이고, 과거는 기억의 흔적이고 미래는 상상이자 허상이다. 그러니 현재에 집중하는 것만이 진정한 자유와 행복에 이르는 길인 것이다. 하지만 단지 머릿속으로 '현재에 머무르자'라는 생각은 그저 생각일 뿐, 변화를 만들기 어렵다. 우리는 감정과 느낌으로 다가가야 한다. '현재'에 머무르기 위해 필요한 것은 무엇일까. 나는 『지상의 양식』을 통해 두 가지 키워드를 얻었다.

첫째는 '소중함'이다. 지속 가능한 행복은 사치가 아니다. 늘 존재하는 것을 알아차리는 것이 지속 가능한 행복을 만드는 유일한 방법이다. 그러나 우리는 현재를 소중하게 여기기보단 당연하게 여기는 경향이 있다. 왜냐하면, 내일도 살아 있을 것임을 알기 때문이다. 나는 분명 살아 있으나 죽어가고 있다. 인간은 태어나는 순간 죽음으로 향한다. 그 누구도 언제 이 삶을 마감할지 장담할 수 없다. 나는 종종 고속도로의 '오늘 사망자 수'를 마주하는 순간 아득해진다. 누군가의 오늘은 없으니 말이다. 그 누군가가 내가 절대 아니라는 보장도 없다.

그렇다면 이 현재는 당연하게 얻어지는 것으로 말하기 어렵다. 경이로우며 소중한 것이다. 소중한 것은 사라지기 마련이다. 생명은 사라진다. 그리고 또 다른 생명은 탄생한다. 이를 반복하는 것이 우주이다. 우리는 우주의 생태계에 충실한 생명체다. 이를 인정하고 소중함을 인지하는 순간 존재하는 것들에 대한 감사가 시작된다.

둘째는 '용기'다. 현재에 대한 행복은 용기 있는 사람이 쟁취할 수 있는 것이다. 행복은 스며드는 것이라고 하였거늘, 웬 용기가 필요한가 싶을 수 있다. 하지만 우리는 새로운 것에 뛰어드는 순간 행복해질 수 있는 준비 자세를 취하게 된다. 인간은 본래 편안한 것을 추구한다. 무언가를 변화시킨다는 것은 불편하다. 때문에 그 자리에서 머무르는 것을 택하는 것이 본능이다.

머무르는 것이 지속되면 도태된다. 도태되는 것에 생명의 위협을 느끼는 인간의 마음은 변화하길 바란다. 그 두 가지가 충돌하는 것이 '선택'의 기로다. 행복은 '기대감'에서 강하게 충족된다. 기대감이란, 내가 추구하는 삶의 방식을 눈치 보지 않고 만들어 갈 수 있다는 마음이 아닐까. 단순히 아침 시간을 풍요롭게 보내는 것 또한 기대감을 충족하는 행위다. 다만 이 기대감이라는 것을 현실에서 구현하기 위해서는 불편함을 감수해야 한다.

열정을 가지고 움직여야 한다. 그러니 내 몸과 마음을 변화시킬 용기가 있어야 가능한 것이다. 더 원초적인 것은 '행복해질 용기'다. 스스로를 행복한 감정으로 만들기 위해, 현재에 있는 그대로 머물기 위해 나를 변화시킬 용기가 필요하다. 우울한 마음이나 무기력이 들 때는 이 용기가 없는 상태인 것이다. 새로운 것을 하고

자 하는 의지가 사라진 것이다. 이때에는 스스로를 나무라는 것이 아니라, 용기를 갖기 위한 방법을 찾는 태도가 필요하다.

한마디로 정리하자면, 현재의 소중함을 깨닫고 가장 이상적인 현재를 만드는 용기가 있을 때 행복을 얻게 된다는 것이다. 오래도록 아무것도 하지 않는 상태가 행복감을 가져다줄 것 같다면 착각이다. 그것은 회피이자 도태이다. 인간의 몸과 마음은 움직이도록 설계되었기 때문이다. 아무것도 하지 않는 쉼도 물론 필요하다. 하지만 그 안에서 분명한 새로운 것들이 존재할 것이다. 새로운 길을 산책하거나, 새로운 책을 읽거나, 새로운 사람을 만나는 등 우리는 모든 순간을 새롭게 만들어 갈 수 있고 만들어 가는 중이나. 매번 똑같다고 느껴진다면 자신이 똑같은 상황이라고 착각하고 있거나 새로워질 용기를 갖고 싶어 하지 않는 것이다. 우리는 매 순간 행복한 생명체가 될 수 있다.

행운을 건네는 사람

　잎이 세 개 달린 풀더미에 코를 박고 행운을 찾는 그런 비효율적인 일을 하지 않은 지 오래였다. 그도 그런 것이, 네잎클로버라는 단어에 순수한 염원을 담아본 마지막 경험이 언젠지 기억이 나지 않는다. 그래서 대부분의 어른은 이런 유치한 것들에 감동한다. 그들에게 유치함은 아련함을 감추기 위한 얄팍한 속임수니까. 네잎클로버의 의미는 행운, 세잎클로버의 의미는 행복이라고 한다. 우리는 일부러 "행복을 밟고 행운을 찾겠다고?"라는 냉소적인 문장을 내뱉으며 둔함을 택한 게 아니니 스스로에게 안타까운 마음을 가져도 된다.

얼마 전 친구와 공원을 걷다 무심코 바닥에 흐드러진 세잎클로버가 눈에 밟혔다. 사실, 보통의 공원에는 잔디보다는 세잎클로버가 더 많다. '이 중에 네잎클로버도 있겠지'라는 생각이 들었지만 이미 그 풀밭을 뚜벅뚜벅 지나온 후였다.

"어렸을 때는 공원에서 시간 가는 줄 모르고 세잎클로버 들여다보고 그랬는데. 네잎클로버 누가 먼저 찾나 내기하면서. 그치?"

"응. 그땐 남는 게 시간이니까. 그런 게 너무 재밌었잖아."

"다 커서는 그래본 적이 없네."

어딘가 숨어 있을 네잎클로버를 지나오며 나눈 마지막 대화였다.

그렇게 며칠 뒤, 3호선 지하철에 올라탔다. 가장 가장자리 빈 좌석에 앉았다. 몸의 옆면을 기댈 수 있는 맨 끝 자리는 공개적인 지하철에서 유일하게 아늑함을 느낄 수 있는 장소다. 다음 역은 탑승객이 많아 빈자리가 금세 채워졌다. 가장 마지막에 탑승한 두세 명은 선 채로 손잡이를 잡았다. 나는 여느 때처럼 책을 펼쳤다. 이동하며 책을 볼 때 가장 집중도가 높다. 그러던 중 흐릿한 앞쪽 시야에 한 할아버지가 들어왔다.

　노약자석에 앉아 계시던 할아버지는 천천히 걸어가 나의 건너편 자리 젊은 여성 앞에 멈춰 섰다. 그러더니 뭔가를 그녀에게 내밀었다. 펑퍼짐한 청바지에 꽉 끼는 가죽 단화를 신고 다리를 꼰 채 네이비색 헤드셋을 끼고 있었다. 자신에게 다가오는 할아버지를 경계하는 듯 몇 번 흘끔 쳐다보더니, 할아버지가 내민 무언가를 보고 손을 내저었다. 그래도 할아버지는 여자에게 한번 더 내밀었다. 무언가 말을 하는 듯했지만 공업용 마스크처럼 두꺼운 플라스틱 마스크 탓에 정확한 내용이 들리지 않았다. 여자는 귀찮은 듯 헤드셋 한쪽을 뺐다.

　"네?"

　할아버지는 다시 한번 손에 든 작은 것을 내밀며 여자에게 어떤 말을 했다. 이번에도 여자는 눈을 마주치지 않은 채 손을 내저었다. 주춤하던 할아버지는 이내 몸을 돌렸다.

　그 광경에 아무도 관심을 갖지 않았다. 지하철이야 워낙 다양한 사람들과 사건이 오고 가는 곳이니, 낯선

이가 말을 거는 모습은 대개 동정심을 자극하는 자선 행위일 것이라고 판단하고 관심을 주지 않는다. 사실 궁금한 마음에 소심한 관심을 가졌던 나조차도 그렇게 생각했다. 내밀었던 작은 건 아마 껌이 아닐까 예상했다. 그때 자리로 돌아가려던 할아버지가 다시 몸을 돌려 나에게 다가왔다. 그 지하철 칸에서 20~30대로 보이는 사람은 건너편 여성과 나뿐이었다. 가진 현금이 없다는 생각과 자연스럽게 거절할 방법에 대해 생각하는 순간이었다.

할아버지가 내민 건 뜻밖이었다. 네잎클로버. 서툴게 코팅한 네잎클로버였다. 손에 꼭 쥐어서인지 잡았던 부분은 울어 있었다. 다른 손에는 비슷한 네잎클로버들이 서너 개 정도 들려 있었다. 생각지 못한 할아버지와 네잎클로버의 등장에 머뭇거리는 나에게도 할아버지는 다시 한번 받으라는 몸짓을 보이셨다.

"아, 네… 감사합니다."

덤덤하게 네잎클로버를 내게 건네고 노약자석에 앉으셨다. 판매하는 것도 아니었다. 제대로 감사 인사를 하지 못한 게 어색함으로 남아 옆쪽의 할아버지를 쳐다

보지도 못한 채 가만히 손에 들려있는 네잎클로버를 한참 바라볼 뿐이었다.

　시중에서 판매하는 네잎클로버가 아니었다. 이파리는 거뭇한 부분이 있었고 코팅지는 삐뚤빼뚤하게 잘려있었다. 어딜 봐도 직접 만든 듯했다. 그래서 더 신기했다. 어렸을 적 간절히 헤매다 찾은 네잎클로버를 소중히 간직하고 싶은 마음에 문구점에서 코팅했던 기억이 어렴풋이 떠올랐다. 내가 받은 건 네잎클로버를 찾던 그 마음과 시간이었다. 할아버지는 어떤 마음으로 낯선 젊은이에게 네잎클로버를 건넸을까.
　생각지 못한 선물이 지루한 퇴근길에 울렁임을 만들었다. 이 네잎클로버에 소원을 빌면 정말 이뤄지기라도 할 것 같은 묘한 기분까지 들 정도였다. 마침 책갈피가 없었다. 새로 생긴 책갈피를 책의 페이지 사이에 깊이 눌러 끼우며 생각했다. '곧 행운이 오려나 보다!'
　누군가에게 무심코 건네받은 다정한 말 한마디는 뜻밖의 네잎클로버를 발견한 것과 같다. 나는 종종 SNS를 통해 응원의 메시지나 자신의 이야기를 남기는 분들에게 답장을 보내드린다.

그중 한 분은 이렇게 말했다.

'어머! 그런 거 있잖아요. 매일 보는 사람들 말고 갑자기 길 가다 한번 찡긋 웃어준 분에게 대단한 위로를 받는 예쁜 가을 낙엽 같은 느낌. 오늘 제가 소소한 위로가 필요했는데 말씀 고마워요. 평온한 저녁 보내세요.'

미소를 지으며 그녀의 말풍선에 하트를 보냈다. 우리는 하루에도 몇 번이나 행운을 건네는 사람이 될 수 있다.

안아주는 대화를 하는
사람이기를

고등학교 선생님과 오랜만에 맥주 한잔하던 날, 선생님께서는 나에게 대뜸 이런 말씀을 하셨다.

"수빈아, 주는 사람을 만나지 말고 안아주는 사람을 만나렴."

"네?"

"너한테 뭘 주기만 하는 사람은 팔이 바깥으로 가 있지. 결국 원하는 걸 자기가 정하고 있어. 그 기준에 맞지 않으면 제멋대로 실망할 거란다. 안아주는 사람은 팔이 안으로 가 있어. 너를 지켜줄 거야. 그러니 너도 누군가에게 안아주는 사람이 되렴."

며칠간 이 말이 일상을 맴돌았다. 나에게 무언가를 주기만 하는 사람에게는 고마움을 느끼면서도 언젠가 갚아야 할 마음의 짐이 있다. 그러나 안아주는 사람에게는 그의 '편'이 되어주고 싶어진다.

　이 책을 집필하면서 말을 잘하고 싶어 하는 사람은 주는 사람, 대화를 잘하고 싶어 하는 사람은 안아주는 사람처럼 느껴졌다. 무언가를 주는 행위는 대체로 일방적이다. 그러나 안아주는 것은 두 팔 안에 상대가 들어올 공간을 남겨 놓아야 가능하다. 대화를 잘하는 사람들은 안정감을 만드는 데 익숙하다. 어떠한 이야기를 해도 여유가 느껴지는 이유는 자신의 말로 모든 것을 다 채우려고 하지 않기 때문이다. 그 여유가 상대방을 더 솔직할 수 있도록 만들어 준다. 말을 많이 하거나 재미있게 하는 사람이 꼭 대화를 잘하는 사람은 아니다. 그 순간에 충실하게 만드는 능력을 가진 사람이 바로 대화의 중요성을 아는 사람이다.

　마지막 페이지를 작성하며 책에 실린 여러 이야기들을 다시금 하나씩 곱씹어 보니 공통으로 떠오르는 것이 있다. 바로 눈빛이다. 은빈 님과 대화를 나눴던 눈빛, 발리에서 마주친 수많은 눈빛, 혼자만의 방에서 맹렬과 혼돈을 반복했던 눈빛, 윌과 줄리가 서로 바라보는 눈빛. 그 무수한 눈빛 속에 말로 다 꺼내지 못한 무한한 이야기가 있었다.

우리가 나누는 모든 대화가 곧 이야기이자 삶이다. 내가 아직 나누지 않은 대화들이 너무나 기대된다. 마지막으로 이 책을 읽고 있는 독자분에게 다정히 묻고 싶다. 책장을 넘기며 작가와 나눈 대화는 어땠는지 말이다. 어디라도 좋으니 우리의 대화 소감을 남겨주기를 바란다. 긴 이야기를 나눈 독자분들을 두 팔 벌려 안아줄 준비가 되어 있다.

말을 잘하는 사람 보다
대화를 잘하는 사람이 좋다

초판 1쇄 발행 2024년 11월 25일
초판 3쇄 발행 2024년 12월 6일

지은이 윤수빈
펴낸이 김선준

편집이사 서선행
기획편집 이희산 **편집4팀** 송병규 **디자인** 정란
마케팅팀 권두리 이진규 신동빈
홍보팀 조아란 장태수 이은정 권희 유준상 박미정 이건희 박지훈
경영지원 송현주 권송이 정수연

펴낸곳 ㈜콘텐츠그룹 포레스트 **출판등록** 2021년 4월 16일 제2021-000079호
주소 서울시 영등포구 여의대로 108 파크원타워1 28층
전화 02)332-5855 **팩스** 070)4170-4865
홈페이지 www.forestbooks.co.kr
종이 ㈜월드페이퍼 **출력·인쇄·후가공** 더블비 **제본** 책공감

ISBN 979-11-93506-90-5 (03190)

㈜콘텐츠그룹 포레스트는 독자 여러분의 책에 관한 아이디어와 원고 투고를 기다리고 있습니다. 책 출간을 원하시는 분은 이메일 writer@forestbooks.co.kr로 간단한 개요와 취지, 연락처 등을 보내주세요. '독자의 꿈이 이뤄지는 숲, 포레스트'에서 작가의 꿈을 이루세요.